ANNALES DU BAC 1989

français

VUIBERT

ISBN : 2-7117 - **2932-X**

Groupements interacadémiques

Session de juin 1989

	Académie pilote	Académies rattachées
Groupement interacadémique 1 Amiens, Lille, Rouen, Paris/Créteil/Versailles.	Paris/Créteil/Versailles Amiens	Aucune autre Lille - Rouen
Groupement interacadémique 2 Bordeaux, Caen, Clermont-Ferrand, Limoges, Nantes, Orléans-Tours, Poitiers, Rennes.	Nantes	Toutes les autres
Groupement interacadémique 3 Besançon, Dijon, Grenoble, Lyon, Nancy-Metz, Reims, Strasbourg.	Besançon	Toutes les autres
Groupement interacadémique 4 Aix-Marseille, Corse, Montpellier, Nice, Toulouse.	Nice	Toutes les autres

Sommaire

Session de juin 1989

Session de septembre 1988

Sujets complémentaires

AVERTISSEMENT DE L'EDITEUR

*L'entrée en vigueur, dès septembre 1989,
de nouvelles instructions et de nouveaux
programmes pour la préparation du Bac 90
nous a conduits à une conception des Annales
destinée à vous apporter les éléments nécessaires
à une bonne préparation.*

Trois points semblent caractériser l'ensemble de ces nouveaux programmes :

— le refus d'un savoir encyclopédique trop détaillé et trop ponctuel ;

— la volonté d'enseigner l'esprit de synthèse ;

— l'affirmation des liens entre les disciplines.

Ce triple aspect peut être résumé sous la forme suivante : il faut associer savoir et savoir-faire.

Il semblerait que la plupart des sujets proposés à la session de juin 1989 reflètent déjà l'esprit, voire la lettre, des programmes qui entreront en application l'année prochaine.

Nous avons donc choisi de corriger des sujets répondant aux nouvelles tendances et de les rédiger selon les instructions officielles.

Nous avons également indiqué clairement, soit en marge, soit dans les index thématiques, les énoncés ou parties d'énoncé ne figurant plus dans les nouveaux programmes.

Nous souhaitons ainsi vous apporter l'instrument de préparation efficace que vous recherchez.

La Librairie VUIBERT

Index des auteurs

Index thématique

Liste des textes contenus dans l'ouvrage

A. La contraction de texte.

B. Le commentaire composé.

C. La composition française.

SESSION

JUIN 1989 (*)

AIX-MARSEILLE

Le sujet proposé aux candidats dans cette académie a été élaboré par l'académie-pilote de **Nice**.

AMIENS

1er sujet *

Création scientifique et création artistique.

Le risque n'est pas grand de prêter aux hommes illustres, à titre posthume, toutes sortes d'élégances. Écrire à propos d'un savant qu'il fut aussi sensible à la perfection esthétique de ses découvertes qu'à leur nouveauté ou à leur pertinence est un complément d'éloges que les biographes prennent soin de ne pas négliger. Les démarches de la création scientifique et artistique procèdent cependant de dosages différemment pondérés des ressources multiples de l'esprit humain. Rares sont les vrais savants qui furent aussi de grands artistes :

(*) Les sujets suivis d'un astérisque sont contenus, avec leur corrigé, dans les annales corrigées 1989, n° 33.

Léonard de Vinci est une référence atypique[1]. Mais rares aussi sont les scientifiques qui ne ressentent pour la nature, telle qu'elle est ou telle que nous la percevons, un profond attachement. Comment pourrait-on consacrer sa vie à décortiquer les mécanismes de la matière ou de la vie sans être respectueusement amoureux du monde et des harmonies que l'homme y découvre ou y projette ?

L'image technique de la science est plus spontanément associée au futur qu'au passé, à l'innovation qu'à la conservation. C'est la logique de l'évolution et du progrès. Et cependant, progresser n'est pas seulement accroître le savoir et le pouvoir que nous transmettrons à nos enfants, mais aussi mieux préserver ou retrouver, dans ce qu'il a d'irremplaçable, l'héritage que nous avons nous-mêmes reçu. Les monuments et les objets sont la part tangible de ce patrimoine. Le temps et les hommes les ont usés, parfois brisés. Jamais les techniciens n'ont été mieux armés qu'aujourd'hui pour réparer ces outrages. Mais plus s'accroît notre capacité d'opérer, plus notre responsabilité est grande. C'est donc avec humilité et prudence que nous devons nous employer à appliquer aux choses anciennes des soins nouveaux. Bains de jouvence ou sérums de longue vie ne sont administrés qu'avec la certitude que le regain de jeunesse escompté ne sera pas gâché par la perspective d'une plus triste sénescence[2].

Mieux connaître les trésors somptueux ou modestes du passé, en comprendre la facture[3], en identifier l'âge et l'origine : pour cela aussi, *l'arsenal des scientifiques* n'a jamais été aussi efficace. Au subtil regard du chimiste, à l'œil perçant du physicien, les objets du temps passé ne peuvent plus dissimuler les indices souvent très discrets qui sont les témoins, indirects mais univoques, de leur date et lieu de naissance.

---

1. **atypique** : qui ne permet pas de bien caractériser une personne, une chose, un ensemble.
2. **sénescence** : vieillissement.
3. **facture** : la manière dont une chose est faire.

Mieux connaître l'héritage déjà répertorié, mais aussi compléter le répertoire par de nouvelles découvertes : là encore les méthodes modernes de recherche font merveille. Elles n'ont pas, le plus souvent, été créées pour les archéologues, mais pour les géologues à la recherche de minerais ou de pétrole, pour les militaires à la recherche d'informations, pour les économistes et écologistes à la recherche d'une meilleure gestion de la planète. La prospection, quel qu'en soit l'objet, procède des mêmes techniques : l'archéologie trouve ainsi un nouveau souffle.

Témoins du passé que l'on peut voir et toucher, les objets archéologiques ou historiques, sont la trame matérielle de l'évolution du mode de vie, de l'intelligence et de la sensibilité d'un humanité à la fois extraordinairement diverse dans ses aspects et constante dans ses aspirations. Comment ne pas se passionner pour les enquêtes des historiens, des protohistoriens et des préhistoriens, qui, par un examen toujours plus pertinent des pièces à conviction, retracent le cheminement de l'aventure humaine ?

Cheminement profondément marqué par *l'interaction entre l'homme et la nature*, dans sa diversité géographique et climatique, dans son mystère apparent ou profond. Devant cet univers qu'il peut maintenant souvent dominer, l'homme moderne ressent moins d'angoisse, et aussi moins de respect. La capsule habitée qui s'est posée sur la Lune ou les robots qui vont fouiller le sol de Mars, extraordinaires produits de l'industrie humaine, ne doivent pas cependant nous entraîner vers de folles illusions. L'homme, tel que des milliers de siècles l'ont façonné, est fait pour vivre sur la Terre, qui restera son univers quotidien. De ce petit monde terrien qui est le nôtre, sachons donc pénétrer les secrets sans bannir la poésie, sachons exploiter les richesses sans tarir la source.

Hubert Curien,
Préface rédigée pour le Catalogue de l'Exposition « La vie mystérieuse des chefs-d'œuvre » (Paris, Grand Palais, Octobre 1980 - Janvier 1981).

1. Vous ferez de ce texte un résumé en 170 mots. Une marge de 10 %, en plus ou en moins, est tolérée. Vous indiquerez à la fin de votre résumé le nombre exact des mots employés. *(8 points)*

2. Vous expliquerez ces deux expressions du texte :
– l'arsenal des scientifiques ;
– l'interaction entre l'homme et la nature. *(2 points)*

3. Pensez-vous, comme Hubert Curien, que « progresser n'est pas seulement accroître le savoir et le pouvoir que nous transmettrons à nos enfants, mais aussi mieux préserver ou retrouver, dans ce qu'il a d'irremplaçable, l'héritage que nous avons nous-mêmes reçu » ? Sans limiter votre réflexion ni vos exemples au domaine scientifique, vous vous demanderez si vous partagez ce point de vue. *(10 points)*.

2ᵉ sujet

Lucien Leuwen, exclu de l'École polytechnique pour manquement à la discipline, est maintenant sous-lieutenant de cavalerie à Nancy, grâce au crédit de son père, célèbre banquier parisien. Entrant dans la ville avec son régiment, il est jeté à terre par son cheval sous les fenêtres d'une jeune veuve, madame de Chasteller, dont il devient fort épris. Elle craint de répondre à ses sentiments. A l'issue d'une rencontre chez des amis communs, ils se rendent en leur compagnie dans un « joli café » en lisière de la forêt : Le Chasseur vert.

Il y avait ce soir-là, au *café-haus* du Chasseur vert, des cors de Bohême qui exécutaient d'une façon ravissante une musique douce, simple, un peu lente. Rien n'était plus tendre, plus occupant, plus d'accord avec le soleil qui se couchait derrière les grands arbres de la forêt. De temps à autre, il lançait quelque rayon qui perçait au travers des profondeurs de la verdure et semblait animer cette demi-obscurité si touchante des grands bois. C'était une de ces soirées enchanteresses, que l'on peut compter au nombre des plus grands ennemis de l'impassibilité du cœur. Ce fut peut-être à cause de tout cela que Leuwen, moins timide sans pourtant être hardi, dit à madame de Chasteller, comme entraîné par un mouvement involontaire :

– Mais, madame, pouvez-vous douter de la sincérité et de la pureté du sentiment qui m'anime ? Je vaux bien peu sans doute, je ne suis rien dans le monde, mais ne voyez-vous pas que je vous aime de toute mon âme ? Depuis le jour de mon arrivée que mon cheval tomba sous vos fenêtres, je n'ai pu penser qu'à vous, et bien malgré moi, car vous ne m'avez pas gâté par vos bontés. Je puis vous jurer, quoique cela soit bien enfant et peut-être ridicule à vos yeux, que les moments les plus doux de ma vie sont ceux que je passe sous vos fenêtres, quelquefois, le soir.

Madame de Chasteller, qui lui donnait le bras, le laissait dire et s'appuyait presque sur lui ; elle le regardait avec des yeux attentifs, si ce n'est attendris.

STENDHAL, *Lucien Leuwen*, première partie, chap. XXIII, « Bonheur ».

Sous la forme d'un devoir composé, vous commenterez cette page de Stendhal. Vous vous interrogerez sur l'évocation de cette « soirée enchanteresse » en analysant par exemple la tonalité, les éléments du récit, les techniques narratives, les traits d'écriture.

3ᵉ sujet *

Selon vous, le théâtre est-il un spectacle populaire ?

Vous appuierez votre argumentation sur des exemples tirés de votre expérience et de votre connaissance du théâtre.

BESANÇON

1er sujet

L'histoire culturelle du monde dans les cinquante prochaines années risque fort d'être marquée par deux phénomènes en apparence antagonistes : *l'émergence d'une culture mondiale* et la vitalité des cultures nationales.

Avec la multiplication des transports de personnes, avec les progrès fulgurants de la communication de l'information, une culture mondiale est en train de naître sous nos yeux. Elle a sa langue : l'anglais. Elle a ses lieux privilégiés : les aéroports, les grands hôtels, les centres économiques des mégalopoles, les grands laboratoires de recherche, les stades et les hauts lieux du tourisme. Elle a ses acteurs : les grandes agences d'informations, des journaux comme le *New York Herald Tribune*, quelques maisons d'édition, les producteurs de feuilletons télévisés, l'internationale des scientifiques, les états-majors des multinationales, les *tour operators*[1], les institutions intergouvernementales, les exploitants des réseaux de télécommunication, les compagnies aériennes. Elle a même sa cuisine : une forme dégradée de la cuisine française...

A cette culture ne participe encore pleinement qu'un faible pourcentage de la population mondiale, mais il s'agit d'une culture fort complexe puisque, d'un côté, grâce aux relais des télévisions et des presses nationales, elle constitue déjà une culture de masse, tandis que de l'autre, grâce à la souplesse des médias modernes, elle réunit des microcultures qui se limitent parfois à quelques dizaines ou quelques centaines de personnes – les spécialistes d'une technique, par exemple –

---

1. *tour operators* : les organisateurs de grands voyages touristiques.

répartis de par le monde. Une culture en pleine expansion. Une culture dominante.

Mais en face d'elle, les cultures nationales affirment leur vitalité. Dans la confrontation ou dans la coexistence. La confrontation ? Elle est surtout le fait des cultures du tiers monde, ces cultures métissées, fruit de l'union d'un père colonisateur, étranger et brutal, admiré et haï et qu'il a fallu tuer dans l'adolescence des guerres de libération, et de cette mère traditionnelle qu'il a violée et qui est devenue un objet de désillusion et d'amour. Elle peut être violente comme dans le cas de l'Iran et *des intégrismes* en tous genres ou comme dans le cas de nombreux pays de l'Amérique latine. Reste la coexistence qui correspond plutôt au cas des pays développés de l'Ouest et de l'Est, les États-Unis occupant une place à part à cause de leur rôle majeur dans la genèse de la culture mondiale. Cette coexistence, certains pays comme les pays scandinaves ou l'Allemagne fédérale semblent la vivre sans difficultés majeures. D'autres au contraire, comme la France ou le Japon, lui opposent une résistance explicite ou cachée.

Il y a là pour la société française une question fondamentale, car *son avenir* – y compris dans le domaine économique – *dépendra fortement de son aptitude à concilier la vitalité de sa culture et son insertion dans la culture mondiale.*

Dans quarante ans, moins de 2 % de l'humanité parlera le français et le monde n'aura qu'un besoin marginal de la culture française. Les différents pays ne s'y intéresseront que dans la mesure où elle leur sera facilement accessible soit dans leur langue nationale, soit en anglais. *Si les élites françaises au sens le plus large – qu'elles soient intellectuelles, économiques ou politiques – refusent de participer à la culture mondiale, elles ne se parleront plus qu'à elles-mêmes, comme c'est déjà le cas pour de larges fractions de certaines professions.* Nos scientifiques seront marginalisés dans les congrès. Les techniques de nos ingénieurs n'inspireront plus confiance. Nos commerçants seront désavantagés dans la concurrence internationale. Nos juristes seront exclus du droit des grandes affaires. Nos chefs d'entreprise ne comprendront pas les évolutions de la demande mondiale. Nos éditeurs devront renoncer à faire traduire la plupart de nos livres.

Pour la vie culturelle française, la participation à la culture mondiale n'est pas une menace mais un stimulant et même une condition de son développement. Elle n'est pas une menace puisque la survie de notre langue n'est pas en jeu. Elle est un stimulant puisque c'est en intériorisant les problèmes du monde que la culture française peut retrouver sa dimension universelle. Elle est une condition du développement puisque nos créations – notamment dans le domaine audiovisuel – ne seront viables que si elles ont accès au marché mondial.

Ainsi, apparaissent clairement l'utilité et les limites de la francophonie.

Jacques LESOURNE, Éducation et Société. Les défis de l'an 2000,
Éd. La Découverte et journal Le Monde, Paris, 1988.

1. Résumez le texte en 180 mots (une marge de 10 % en plus ou en moins sera admise). Vous indiquerez sur votre copie le nombre de mots que vous avez employés. *(8 points)*

2. Expliquez :
– l'émergence d'une culture mondiale ;
– des intégrismes. *(2 points)*

3. Discussion : d'après vous, est-ce en résistant à la culture mondiale ou en y participant que nous parviendrons le mieux à sauvegarder la vie culturelle française ? *(10 points)*

2ᵉ sujet

La nuit est une grande cité endormie
où le vent souffle... Il est venu de loin jusqu'à
l'asile de ce lit. C'est la minuit de juin.
Tu dors, on m'a mené sur ces bords infinis,
le vent secoue le noisetier. Vient cet appel
qui se rapproche et se retire, on jurerait
une lueur fuyant à travers bois, ou bien
les ombres qui tournoient, dit-on, dans les enfers.
(Cet appel dans la nuit d'été, combien de choses
j'en pourrais dire, et de tes yeux...) Mais ce n'est que
l'oiseau nommé l'effraie[1], qui nous appelle au fond de ces
bois de banlieue. Et déjà notre odeur
est celle de la pourriture au petit jour,
déjà sous notre peau si chaude perce l'os,
tandis que sombrent les étoiles au coin des rues.

Philippe Jacottet, L'Effraie, 1946-1950.

Vous ferez de ce poème un commentaire composé en vous gardant de séparer l'étude du fond de celle de la forme. Vous pourrez, par exemple, montrer comment à travers l'évocation d'images du monde sensible, s'exprime la méditation du poète.

3ᵉ sujet

Dans une page des *Essais*, Montaigne déplore qu'on n'accorde pas un crédit suffisant aux lettres ; il écrit : « Quel dommage si elles ne nous apprennent ni à bien penser, ni à bien faire. »

En vous référant à votre propre expérience de la littérature, et sans oublier votre plaisir de lecteur, pouvez-vous éclairer et discuter cette formule ?

---

1. L'effraie est une chouette ; dans la tradition populaire, la chouette est messagère de mort.

BORDEAUX

Le sujet proposé aux candidats dans cette académie a été élaboré par l'académie-pilote de **Nantes**.

CAEN

Le sujet proposé aux candidats dans cette académie a été élaboré par l'académie-pilote de **Nantes**.

CLERMONT-FERRAND

Le sujet proposé aux candidats dans cette académie a été élaboré par l'académie-pilote de **Nantes**.

CORSE

Le sujet proposé aux candidats dans cette académie a été élaboré par l'académie-pilote de **Nice**.

DIJON

Le sujet proposé aux candidats dans cette académie a été élaboré par l'académie-pilote de **Besançon**.

GRENOBLE

Le sujet proposé aux candidats dans cette académie a été élaboré par l'académie-pilote de **Besançon**.

LILLE

Le sujet proposé aux candidats dans cette académie a été élaboré par l'académie-pilote de **Amiens**.

LIMOGES

Le sujet proposé aux candidats dans cette académie a été élaboré par l'académie-pilote de **Nantes**.

LYON

Le sujet proposé aux candidats dans cette académie a été élaboré par l'académie-pilote de **Besançon**.

MONTPELLIER

Le sujet proposé aux candidats dans cette académie a été élaboré par l'académie-pilote de **Nice**.

NANCY-METZ

Le sujet proposé aux candidats dans cette académie a été élaboré par l'académie-pilote de **Besançon**.

NANTES

1er sujet

A des intervalles fixes, un homme, dans une chambre, rassemble autour de lui des enfants, des adolescents, des jeunes gens, dix, vingt, trente ou davantage ; pendant une heure ou deux, il parle et ils écoutent. Cependant ils sont très proches les uns des autres, ils se voient face à face, leurs coudes se touchent, ils se sentent condisciples, du même âge, occupés de même ; ils sont en société, et de deux façons, entre eux et avec le maître. Par suite, ils vivent sous un statut : toute société a le sien, spontané ou imposé ; sitôt que des hommes, petits ou grands, sont plusieurs et ensemble, dans un salon, dans un café, dans la rue, ils y trouvent la charte de l'endroit, une sorte de code qui leur prescrit ou interdit tel genre de conduite ; de même à l'école : une règle expresse, jointe à beaucoup de règles tacites, y est observée, et compose un moule dont l'empreinte s'enfonce à demeure dans les esprits et dans les âmes. [...] Voilà en abrégé l'institution scolaire. De tous les engins sociaux, elle est peut-être le plus puissant, le plus efficace ; car, sur les jeunes vies qu'elle enserre et dirige, elle a trois sortes d'influences, l'une par le maître, l'autre par les condisciples, la dernière par le règlement.

D'une part, le maître, qui passe pour savant, enseigne avec autorité, et les écoliers, qui se sentent ignorants, apprennent avec confiance ; ainsi, presque tout ce qu'il leur dit, vrai ou faux, ils le croient. D'autre part, par-delà sa famille et le cercle domestique, l'élève trouve, dans le groupe de ses camarades, un petit monde nouveau, différent, complet, qui a ses façons et ses mœurs, son point d'honneur et ses vices, son esprit de corps, en qui s'ébauchent des jugements indépendants et spontanés, des divinations hasardées et précoces, des velléités d'opinion à propos de toutes les choses divines et humaines.

C'est dans ce milieu qu'il commence à penser par lui-même, au contact de ses pareils et de ses égaux, au contact de leurs idées, bien plus intelligibles et admissibles pour lui que celles des hommes faits, partant bien plus persuasives, excitantes et contagieuses ; elles sont l'air ambiant et pénétrant dans lequel sa pensée lève, pousse et se forme ; il y prend sa façon d'envisager la grande société d'adultes dont il va devenir un membre, ses premières notions du juste et de l'injuste, par suite une attitude anticipée de respect ou de révolte, bref un préjugé : selon que l'esprit du groupe est raisonnable ou déraisonnable, ce préjugé est sain ou malsain, social ou antisocial. Enfin, la discipline de l'école fait son effet ; quel que soit le régime de la maison, libéral ou autoritaire, [...] l'élève entre dans un cadre fabriqué d'avance. Selon les diversités du cadre, il pratique des exercices différents, il contracte des habitudes différentes, il se développe ou se rabougrit au physique ou au moral, dans un sens ou dans le sens contraire. Partant, selon que le cadre est bon ou mauvais, il devient plus ou moins capable ou incapable d'effort corporel ou mental, de réflexion, d'invention, d'initiative, d'entreprise, de *subordination à un but*, d'association volontaire et persistante, c'est-à-dire, en somme, d'un rôle actif et utile sur le théâtre où il va monter. Notez que [...] dans l'enseignement secondaire et même dans l'enseignement supérieur, la roue scolaire tourne uniformément et sans arrêt dix heures par jour si l'élève est externe, et vingt-quatre heures par jour si l'élève est interne, qu'*à cet âge l'argile humaine est molle*, qu'elle n'a pas encore pris son pli, que nulle forme acquise et résistante ne la défend contre la main du potier, contre le poids de la roue tournante, contre le frottement des autres morceaux d'argile pétris avec elle, contre les trois pressions incessantes et prolongées qui composent l'éducation publique. Manifestement il y a là une force énorme, surtout si les trois pressions, au lieu de se contrarier, comme il arrive le plus souvent, s'accordent et convergent pour produire un certain type d'homme fait, si, depuis l'enfance jusqu'à l'adolescence, à la jeunesse et à l'âge adulte, les préparations successives se superposent de façon à graver plus au fond et plus exactement le type adopté, si toutes les influences et opérations qui le gravent, prochaines ou lointaines, grandes ou petites, internes ou externes, forment ensemble un système cohérent, défini, applicable et appliqué.

Hippolyte TAINE, *Les Origines de la France contemporaine*,
« Le régime moderne », livre sixième, « L'école »,1890.

1. Vous résumerez ce texte en 190 mots (marge de 10 % en plus ou en moins autorisée). Indiquez le nombre de mots. *(8 points)*

2. Expliquez les expressions suivantes :
– il devient plus ou moins capable ou incapable... de *subordination à un but* ;
– *à cet âge, l'argile humaine est molle. (2 points)*

3. Que pensez-vous de l'affirmation de Taine, quand il déclare à propos de l'école : « De tous les engins sociaux, elle est peut-être le plus puissant, le plus efficace [...] » ?

Vous discuterez ce point de vue en examinant concrètement quel est le poids du système scolaire dans la formation des jeunes, aujourd'hui, et quelles autres influences s'exercent sur eux. *(10 points)*

2e sujet

Au bout du petit matin, une autre petite maison qui sent très mauvais dans une rue très étroite, une maison minuscule qui abrite en ses entrailles de bois pourri des dizaines de rats et la turbulence de mes six frères et sœurs, une petite maison cruelle dont l'intransigeance affole nos fins de mois et mon père fantasque grignoté d'une seule misère, je n'ai jamais su laquelle, qu'une imprévisible sorcellerie assoupit en mélancolique tendresse ou exalte en hautes flammes de colère ; et ma mère dont les jambes pour notre faim inlassable pédalent, pédalent de jour, de nuit, je suis même réveillé la nuit par ces jambes inlassables qui pédalent la nuit et la morsure âpre dans la chair molle de la nuit d'une Singer[1] que ma mère pédale, pédale pour notre faim et de jour et de nuit.

Au bout du petit matin, au-delà de mon père, de ma mère, la case gerçant d'ampoules, comme un pêcher tourmenté de la cloque[2], et le toit aminci, rapiécé de morceaux de bidon de pétrole, et ça fait des marais de rouillure dans la pâte grise sordide empuantie de la paille, et quand le vent siffle, ces disparates font bizarre le bruit, comme un crépitement de friture d'abord, puis comme un tison que l'on plonge dans l'eau avec la fumée des brindilles qui s'envole... Et le lit de planches d'où s'est levée ma race, tout entière ma race de ce lit de planches, avec ses pattes de caisses de Kérosine[3], comme s'il avait l'éléphantiasis[4] le lit, et sa peau de cabri, et ses feuilles de banane séchées, et ses haillons, une nostalgie de matelas le lit de ma grand-mère.

Aimé CÉSAIRE, *Cahier d'un retour au pays natal, 1939.*

Vous présenterez votre lecture de ce texte en un commentaire composé. Vous vous interrogerez par exemple sur le réalisme et la poésie de cette évocation, par l'écrivain martiniquais Aimé Césaire, de sa famille et de la maison de son enfance.

---

1. **Singer** : célèbre marque de machine à coudre.
2. **cloque** : maladie du pêcher, se manifestant par l'apparition de cloques sur les feuilles.
3. **Kérosine** : marque de bidons de pétrole.
4. **éléphantiasis** : maladie caractérisée par une rugosité de la peau et une augmentation du volume des membres inférieurs.

3ᵉ sujet *

Quand dit-on d'une œuvre littéraire qu'elle est engagée ?

Vous appuierez votre réflexion sur l'analyse d'exemple précis, sans vous limiter nécessairement à la seule littérature.

NICE

1er sujet *

Le sédentaire que je suis doit aux écrivains voyageurs une profonde gratitude : ils me dispensent d'aller en Orient par le chemin des oiseaux. En les lisant, je crois y être, je perds le souffle, je devine les moments où, à leur place, j'aurais eu mal au cœur. Je suis assuré, surtout, que là où ils poussent des cris d'admiration, je n'aurais probablement rien vu. Car il me faut beaucoup de temps pour *apprivoiser un paysage*, pour qu'il entre en moi, se mêle à ma vie. Un voyage rapide, même par les voies les plus ordinaires, ne me laisse que des souvenirs de poussière, de fatigue, d'insomnie et de disperson.

« Partir pour partir » m'est incompréhensible. Mais combien peu partent pour partir ! Un voyage est toujours un prétexte. A tout départ, on trouverait, en cherchant bien, une raison avouée ou secrète qui n'aurait rien à voir avec le seul plaisir du voyage. Il y a d'abord les naïfs qui croient que certains paysages correspondent à certains sentiments et que l'on ne peut être heureux que devant des rochers rouges rongés par une mer indigo. Mais surtout, l'amour humain cherche, dans le mouvement, une défense contre sa propre usure. En même temps qu'ils aspirent à la solitude, les couples ont peur de l'ennui. Le voyage les isole à la fois et les divertit. On n'a pas le droit d'observer trop longtemps un autre visage que le visage aimé, mais il est permis de regarder un peu par la portière.

Deux êtres se donnent l'illusion d'échapper au jugement des hommes, aux nécessités quotidiennes, et, grâce au train et à l'auto, de ne subir aucune autre loi que celle qu'ils s'imposent l'un à l'autre. Épreuve périlleuse... et l'un des deux s'aperçoit toujours trop tôt qu'il a envie de revenir, de retrouver sa table, son travail, de lire son courrier... C'est le sujet de la première dispute dont naîtront toutes les autres, et qui sont invisiblement inscrites sur le billet de retour. A la fin de leur vie, les amants illustres qui coururent les routes, George Sand et Musset, et Chopin, Liszt, Madame d'Agoult, peut-être ne se souvenaient-ils plus que de chamailleries dans de tristes chambres d'hôtel.

Combien peu d'amours trouvent en elles-mêmes assez de force pour demeurer sédentaires ! Et c'est pourquoi l'amour conjugal, qui persiste *à travers mille vicissitudes*, me paraît être le plus beau des miracles, quoiqu'il en soit le plus commun. Après beaucoup d'années, avoir encore tant de choses à se dire, des plus futiles aux plus graves, sans choix, sans désir d'étonner ni d'être admiré, quelle merveille ! Plus besoin de mentir : le mensonge ne peut désormais servir à rien, tant les époux sont devenus transparents l'un pour l'autre. Tel est le seul amour qui aime l'immobilité, qui se nourrisse de l'habituel et du quotidien.

Je ne crois guère plus au remède que conseille Bossuet contre la passion : la fuite, que je ne suis convaincu par Baudelaire, lorsqu'il assure que beaucoup de voyageurs partent pour fuir « la Circé tyrannique aux dangereux parfums »[1]. Au vrai, celui qui peut partir, c'est qu'il est déjà guéri, l'amour n'étant, chez la plupart des êtres, qu'une impossibilité physique de vivre loin de l'objet aimé, de respirer hors de la ville où il respire. Le voyage serait une torture trop intolérable pour être volontaire : un départ n'est pas la cause, mais le signe de la guérison.

Ceux qui partent pour partir, et dont Baudelaire prétend qu'ils sont les seuls vrais voyageurs, ceux qui ont l'air de partir pour partir, n'auraient-ils aucun autre motif, il leur reste toujours celui-là qu'ils ne peuvent se supporter eux-

---

1. Dans la mythologie grecque, Circé est une magicienne qui, par ses sortilèges, avait essayé de retenir Ulysse auprès d'elle.

mêmes : ils fuient leur propre cœur, à la fois chasseur et gibier, poursuivant et poursuivi. Cette espèce de neurasthéniques est difficile à observer, parce qu'ils errent sans cesse d'un bout du monde à l'autre et qu'on ne peut les tenir que lorsqu'ils sont à bout de forces, comme ces oiseaux de passage qui s'abattent, épuisés, sur les ponts des navires.

François MAURIAC, *Journal I*, 1934.

1. Vous ferez de ce texte un résumé en 170 mots (une marge de 10 % en plus ou en moins est toutefois admise). Vous indiquerez à la fin de votre résumé le nombre de mots employés. *(8 pts)*

2. Quel est le sens dans le texte des expressions suivantes :
– apprivoiser un paysage ;
– à travers mille vicissitudes.

Vos réponses devront être entièrement rédigées. *(2 pts)*

3. François Mauriac affirme : « Combien peu partent pour partir ! Un voyage est toujours un prétexte. »
En vous appuyant sur votre expérience personnelle et sur vos lectures, vous examinerez ce point de vue puis vous le discuterez. *(10 pts)*

2ᵉ sujet *

Bérénice, reine de Palestine, amoureuse de Titus et aimée de lui, pense que celui-ci, devenu empereur à la mort de son père, va l'épouser. Sa confidente Phénice ayant exprimé quelques réserves sur la réalisation de ce mariage (« Rome hait tous les rois, et Bérénice est reine »), Bérénice l'interrompt : Rome obéira à Titus tout-puissant. Le spectacle de son couronnement qui vient d'avoir lieu la confirme dans son illusion.

De cette nuit, Phénice, as-tu vu la splendeur ?
Tes yeux ne sont-ils pas tout pleins de sa grandeur,
Ces flambeaux, ce bûcher, cette nuit enflammée,
Ces aigles, ces faisceaux[1], ce peuple, cette armée,
Cette foule de rois, ces consuls, ce sénat,
Qui tous de mon amant empruntaient leur éclat ;
Cette pourpre, cet or, que rehaussait sa gloire,
Et ces lauriers encor témoins de sa victoire !
Tous ces yeux qu'on voyait venir de toutes parts
Confondre sur lui seul leurs avides regards ;
Ce port majestueux, cette douce présence.
Ciel ! avec quel respect et quelle complaisance
Tous les cœurs en secret l'assuraient de leur foi !
Parle : peut-on le voir sans penser, comme moi,
Qu'en quelque obscurité que le sort l'eût fait naître,
Le monde en le voyant eût reconnu son maître ?

RACINE, Bérénice, Acte I, scène 5, 1670.

Vous ferez de ce texte un commentaire composé. Vous pourriez, par exemple, en étudiant les procédés de style (choix et place des mots, rythme, musique du vers, entre autres), montrer comment Racine nous fait sentir l'amour de son héroïne à travers son éblouissement devant les fastes du couronnement.

Mais ces indications ne sont pas contraignantes, et vous avez toute latitude pour organiser votre exercice à votre gré. Vous vous abstiendrez seulement de présenter une étude linéaire ou séparant artificiellement le fond de la forme.

3ᵉ sujet

« Que deviendrais-je sans le rire ?
Il me purge de mes dégoûts. Il m'aère. Il ouvre mes portes et mes fenêtres. Il bat mes meubles. Il secoue mes rideaux. Il

---

1. **aigles, faisceaux** : emblèmes de la puissance impériale.

est le signe que je ne sombre pas tout à fait dans la contagion du monde [...] où j'évolue. »

Jean Cocteau, *La Difficulté d'être*, 1946.

Vous expliquerez et, au besoin, discuterez ce propos, en vous demandant dans quelle mesure les œuvres comiques ou plaisantes que vous connaissez remplissent ces fonctions suggérées par Jean Cocteau.

ORLÉANS-TOURS

Le sujet proposé aux candidats dans cette académie a été élaboré par l'académie-pilote de **Nantes**.

PARIS-CRÉTEIL-VERSAILLES

1er sujet

Aussi surprenant que cela puisse paraître dans notre société réputée confortable, l'aventure est dans l'air du temps. Certains prétendent même qu'on peut la rencontrer au coin de la rue. Si on la considère comme un type particulier d'expérience vécue ou comme un récit de fiction, on admettra aisément que l'aventure n'est pas un genre nouveau. Dans sa plus grande généralité, elle peut se définir comme l'ensemble des événements qui adviennent à un personnage – solitaire de préférence – placé dans une situation mouvementée donnant lieu à l'exploration d'un monde inconnu et à l'affrontement de dangers ; situation à laquelle notre culture accorde, depuis longtemps, une valeur humaine exemplaire. D'Ulysse à Robinson, de Lindbergh à Dieuleveult, cette culture a su renouveler sans cesse ses formes et ses figures. Mais ce ne sont plus de fiers conquérants que nous avons maintenant devant nous. Ce sont des agents de police qui s'enfoncent dans la jungle amazonienne... Ce sont de modestes employés qui traversent le Grand Nord...

L'aventure s'est démocratisée. Mais, ce qui frappe le plus, c'est la diffusion culturelle et l'impact des représentations de l'aventure par les grands moyens de communication de masse. Ainsi, les romans et les bandes dessinées, les films et les émissions télévisées, les jeux et les jouets reprennent sa thématique juvénile en la modulant à l'infini. La publicité emprunte son imagerie aux *Aventuriers de l'arche perdue* comme aux raids motorisés transsahariens...

Mais ce sont les revues de grand public qui diffusent avec le plus de force le mythe de l'aventure. Les figures de Thierry

Sabine, Philippe de Dieuleveult et Arnaud de Rosnay seront sans doute bientôt consacrées par les dictionnaires, après avoir fait les gros titres des médias à sensations. Ces personnages sont réputés pour avoir « redonné à la France le goût de l'aventure et de l'exploit ». Quant à leur disparition exemplaire, elle les assimile à des héros sacrifiés sur l'autel des *exploits vécus par procuration*. On ne sait au juste quel rite conjuratoire on célèbre ainsi, mais cette médiatisation des exploits les plus inouïs ressemble à une parade de mort violente. Tout se passe comme si l'on avait absolument besoin de ces héros immolés pour que soit rendu possible le grand frisson capable de conjurer les grand'peurs d'une société inquiète de son sort à l'aube du IIIe millénaire. Pour cela, il fallait ériger l'aventure en représentations sensationnelles à travers les formes spectaculaires qu'elle prend dans les pratiques sportives de pleine nature. La télévision, qui sait faire « entrer les lointains dans les maisons », peut aussi montrer complaisamment la mort sportive en direct et au ralenti. Elle marque ainsi, à l'instar des revues truffées d'images chocs, sa prédilection pour les expéditions aventureuses où dominent des performances à haut risque. Cette mise en jeu dangereuse du corps sur un mode sportif ménage toujours le suspense et garantit *la gratuité de l'acte*, sans laquelle il n'est point de vrai sacrifice. Afin de satisfaire à ces exigences, quelques acteurs émérites et endurants acceptent d'affronter une nature hostile pour y soumettre aux plus dures épreuves leurs capacités de survie.

Aussi l'aventure s'est-elle industrialisée. Elle possède désormais ses professionnels, qui courent le *sponsor*[1] avant de courir les prairies. En général, il s'agit de spécialistes sans patentes[2] qui doivent faire preuve d'habileté dans le montage du « coup » original qui saura retenir l'attention, avant de rivaliser d'audace et de maîtrise technique dans la réalisation

---

1. *sponsor* : personne ou société qui apporte son soutien à des activités diverses (sportives, culturelles...).
2. **spécialistes sans patentes** : des spécialistes qui ne sont pas reconnus officiellement.

de l'exploit lui-même et dans son enregistrement. Cette production d'exploits les plus divers suppose l'existence d'une masse suffisante de consommateurs de rêves d'aventure, ainsi qu'une faim d'images d'évasion que les festivals et les revues spécialisées ne parviennent pas à satisfaire.

Christian POCIELLO, « Jeux de vertige et exploits solitaires »,
Encyclopædia Universalis, 1987.

1. Vous résumerez ce texte en 165 mots. Une marge de 10 % en plus ou en moins est admise. Vous indiquerez à la fin de votre résumé le nombre de mots employés. *(8 pts)*

2. Vous expliquerez le sens, dans le texte, des deux expressions en italique :
– exploits vécus par procuration ;
– la gratuité de l'acte. *(2 pts)*

3. Christian Pociello constate qu'on a érigé « l'aventure en représentations sensationnelles ».
Le spectacle vous semble-t-il une dimension nécessaire de l'aventure ? *(10 pts)*

2ᵉ sujet *

Le 28 juin 1793, trois hommes se réunissent secrètement dans l'arrière-salle d'un café, à Paris.

Le premier de ces trois hommes était pâle, jeune, grave, avec les lèvres minces et le regard froid. Il avait dans la joue un tic nerveux qui devait le gêner pour sourire. Il était poudré, ganté, brossé, boutonné ; son habit bleu clair ne faisait pas un pli. Il avait une culotte de nankin[1], des bas blancs, une haute cravate, un jabot plissé, des souliers à boucles d'argent. Les deux autres hommes étaient, l'un, une

---

1. **nankin** : toile de coton de couleur claire.

espèce de géant, l'autre, une espèce de nain. Le grand, débraillé dans un vaste habit de drap écarlate, le col nu dans une cravate dénouée tombant plus bas que le jabot, la veste ouverte avec des boutons arrachés, était botté de bottes à revers et avait les cheveux tout hérissés, quoiqu'on y vît un reste de coiffure et d'apprêt ; il y avait de la crinière dans sa perruque. Il avait la petite vérole sur la face, une ride de colère entre les sourcils, le pli de la bonté au coin de la bouche, les lèvres épaisses, les dents grandes, un poing de portefaix[1], l'œil éclatant. Le petit était un homme jaune qui, assis semblait difforme ; il avait la tête renversée en arrière, les yeux injectés de sang, des plaques livides sur le visage, un mouchoir noué sur ses cheveux gras et plats, pas de front, une bouche énorme et terrible. Il avait un pantalon à pied, des pantoufles, un gilet qui semblait avoir été de satin blanc, et par-dessus ce gilet une rouppe[2] dans les plis de laquelle une ligne dure et droite laissait deviner un poignard.

Le premier de ces hommes s'appelait Robespierre, le second Danton, le troisième Marat.

Victor HUGO, Quatre-vingt-treize, 1874.

Vous ferez de ce texte un commentaire composé.

Vous pourrez montrer notamment comment Hugo, par tout un art de la progression et des contrastes, parvient à donner à une description apparemment réaliste une dimension mythique.

3ᵉ sujet *

Un romancier à qui l'on demandait pourquoi il n'écrivait pas de poésie, répondit : « Parce que je déteste parler de moi-même ».

---

1. **portefaix** : porteur de charges lourdes.
2. **rouppe** : blouse en drap grossier.

La distinction entre poésie et roman que cette déclaration semble établir vous paraît-elle justifiée ? Vous appuierez votre argumentation sur des exemples tirés de vos lectures personnelles.

POITIERS

Le sujet proposé aux candidats dans cette académie a été élaboré par l'académie-pilote de **Nantes**.

REIMS

Le sujet proposé aux candidats dans cette académie a été élaboré par l'académie-pilote de **Besançon**.

RENNES

Le sujet proposé aux candidats dans cette académie a été élaboré par l'académie-pilote de **Nantes**.

ROUEN

Le sujet proposé aux candidats dans cette académie a été élaboré par l'académie-pilote d'**Amiens**.

STRASBOURG

Le sujet proposé aux candidats dans cette académie a été élaboré par l'académie-pilote de **Besançon**.

TOULOUSE

Le sujet proposé aux candidats dans cette académie a été élaboré par l'académie-pilote de **Nice**.

ANTILLES-GUYANE

1er sujet

« L'argent ne fait pas le bonheur. » Mais cette sagesse populaire est à peu près éclipsée par le prestige de tout ce que la société industrielle invente et fabrique pour rendre la vie quotidienne plus agréable. La recherche du confort se substitue à celle du bonheur. C'est tellement plus simple et surtout plus précis.

Vous achetez une automobile : vous pouvez estimer d'avance la somme de jouissance qu'elle vous procurera. Vous êtes assis chez vous, le soir, dans un bon fauteuil, un verre de whisky à la main, et vous regardez à la télévision un programme qui vous plaît. Le chauffage central crée une douce ambiance, pendant qu'il neige dehors. Voilà des agréments sur lesquels vous pouvez compter. Il n'y a plus qu'à vous persuader que c'est cela qui s'appelle être heureux, et voilà votre existence arrangée douillettement.

La publicité tentaculaire qui s'étale sur les murs, dans vos journaux et au cinéma, vous encourage sournoisement à opérer cette simplification. Elle fait grand usage, sinon du mot « bonheur », du moins de ceux qui lui sont apparentés.

Cette jeune fille était malheureuse, incomprise. Mais un jour elle a eu l'idée d'essayer le nouveau dentifrice X... Alors, avec son haleine fraîche, elle a pu connaître tous les succès qui lui étaient refusés. Le beau jeune homme qui s'écartait d'elle naguère est venu lui faire la cour. Ils se marieront et seront heureux. Une autre a la chance d'employer le savon Z... Elle garde ainsi un teint de jeune fille qui lui permet à tout âge d'être comblée par l'existence.

Plus souvent, la suggestion émane d'une simple image. Voyez les visages heureux de cette famille installé dans la nouvelle voiture de cette grande marque. Et le sourire radieux de la ménagère devant sa machine à laver. Achetez cet électrophone, et vous aurez cette mine épanouie en écoutant vos airs préférés. Employez un rasoir électrique et vous aurez ce sourire béat. Bien sûr, vous êtes trop intelligent pour prendre à la lettre de telles *fadaises*. C'est vrai, je n'en doute pas. Mais ce qui vous atteint, ce qui vous « met en condition », c'est l'ensemble de toute cette publicité. Elle n'a pas le pouvoir de vous convaincre automatiquement que votre félicité dépend de cet ustensile ou de ce produit. Elle finit cependant par créer un état d'esprit, une sorte de réflexe conditionné ou d'association d'idées : les objets de confort sont poussés de force dans votre conception du bien-être et finalement celle de votre bonheur. Vous n'y prenez pas garde ; aucune image ne vous contrait ; mais toutes celles qui défilent chaque jour sous vos yeux inattentifs laissent comme un *résidu indéfinissable* dont vous êtes imprégné.

On a parfois donné le nom de « société de consommation » aux formes de civilisation qui s'épanouissent en Occident, surtout en Amérique, et tendent à se répandre un peu partout dans le monde. Le progrès dans la production semble ici avoir pour condition l'inflation des besoins du public, c'est-à-dire de la masse des consommateurs. Il faut donc stimuler les désirs, créer ce que l'on appelle des « motivations » pour élargir le marché. Un des meilleurs moyens consiste à forger une sorte d'archétype[1] du bonheur dans le bien-être matériel. Vue d'en-haut, jugée dans son ensemble, la publicité est une immense orchestration de ce thème.

Il est d'ailleurs exploité aussi, sous des formes différentes mais voisines, par tous les moyens de diffusion massive (les massmédia, dans le jargon des sociologues américanisés),

---

1. **archétype** : type primitif ou idéal ; original qui sert de modèle.

c'est-à-dire la presse à gros tirage (journaux et magazines), le cinéma, la radio, la télévision. Le but, ici, en-dehors des séquences ou des pages franchement publicitaires, n'est évidemment pas de pousser à la consommation. Mais, plus ou moins consciemment, la « culture de masse » répandue par ces organes invite à une conception du bonheur qui s'associe à celle du bien-être matériel, et, plus largement, à un style de vie qui privilégie les valeurs accessibles par des moyens techniques.

Jean CAZENEUVE, *Bonheur et Civilisation*, 1966.

1. Vous résumerez ce texte en 175 mots (une marge de 10 % en plus ou en moins est autorisée). Vous indiquerez obligatoirement à la fin du résumé, le nombre de mots que vous aurez utilisés.

2. Vous expliquerez les mots et expressions soulignés dans le texte :
– *fadaises*
– *un résidu indéfinissable*.

3. Vous expliquerez et commenterez ce jugement de l'auteur : « [aujourd'hui] la recherche du confort se substitue à celle du bonheur ».

2ᵉ sujet

Mme de Clèves, mariée à un homme qu'elle estime mais n'aime pas, se sent très attirée par le jeune et beau duc de Nemours. Elle vient de lire une lettre d'amour qu'elle croit adressée à ce dernier.

Quoique les soupçons que lui avait donnés cette lettre fussent effacés, ils ne laissèrent pas de lui ouvrir les yeux sur le hasard d'être trompée et de lui donner des impressions de défiance et de jalousie qu'elle n'avait jamais eues. Elle fut étonnée de n'avoir point encore pensé combien il était peu vraisemblable qu'un homme comme M. de Nemours, qui avait toujours fait paraître tant de légèreté parmi les femmes, fût capable d'un attachement sincère et durable. Elle trouva qu'il était presque impossible qu'elle pût être contente de sa passion. « Mais quand je le pourrais être, disait-elle, qu'en veux-je faire ? Veux-je la souffrir ? Veux-je y répondre ? Veux-je m'engager dans une galanterie ? Veux-je manquer à M. de Clèves ? Veux-je me manquer à moi-même ? Et veux-je enfin m'exposer aux cruels repentirs et aux mortelles douleurs que donne l'amour ? Je suis vaincue et surmontée par une inclination qui m'entraîne malgré moi. Toutes mes résolutions sont inutiles ; je pensais hier tout ce que je pense aujourd'hui et je fais aujourd'hui tout le contraire de ce que je résolus hier. Il faut m'arracher de la présence de M. de Nemours ; il faut m'en aller à la campagne. »

Madame de La Fayette, *La Princesse de Clèves*, 1678.

Vous ferez un commentaire composé de ce texte. Vous pourrez montrer, par exemple, comment Madame de La Fayette suggère les ambiguïtés d'une passion naissante analysée avec lucidité.

3ᵉ sujet

A propos des personnages de roman, A. Maurois écrit : « Il est exaltant et sain pour le lecteur de retrouver chez un être qu'il admire, des passions qui sont celles de l'humanité tout entière. »

Commentez et discutez ce jugement en vous appuyant sur l'analyse d'exemples précis.

POLYNÉSIE FRANÇAISE

1er sujet

La civilisation du XXe siècle a reposé, plus que toute autre avant elle, sur l'information, l'enseignement, la science, la culture, bref la connaissance, ainsi que sur le système de gouvernement qui, par vocation, en ouvre l'accès à tous : la démocratie. Sans doute, comme la démocratie même, la liberté de l'information est-elle en pratique répartie de façon fort inégale sur la planète. Et il est peu de pays où elles aient l'une et l'autre traversé le siècle sans interruption, voire sans suppression pour plusieurs générations. Mais, si lacunaire et syncopé[1] soit-il, le rôle joué par l'information chez les hommes qui décident des affaires du monde contemporain, et dans les réactions des autres à ces affaires, y est sans conteste plus important, plus constant et plus général qu'aux époques antérieures. Ceux qui agissent ont de meilleurs moyens de savoir sur quelles données appuyer leur action, et ceux qui subissent sont bien mieux renseignés sur ce que font ceux qui agissent.

Il est donc intéressant de rechercher si cette prépondérance de la connaissance, sa précision et sa richesse, sa diffusion toujours plus large et plus rapide, ont entraîné, comme il serait naturel de s'y attendre, *une gestion de l'humanité par elle-même* plus judicieuse que jadis. La question importe d'autant plus que le perfectionnement accéléré des techniques de transmission et l'accroissement continuel du nombre des individus qui en profitent feront plus encore du XXIe siècle l'âge où l'information consitutera l'élément central de la civilisation.

---

1. **syncopé** : discontinu.

En notre siècle se trouvent tout à la fois davantage de connaissances et davantage d'hommes qui ont connaissance de ces connaissances. En d'autres termes, la connaissance a progressé, et elle a été apparemment suivie dans son progrès par l'information, qui en est la dissémination dans le public. D'abord l'enseignement tend à se prolonger de plus en plus tard et à se répéter de plus en plus souvent dans le cours de la vie, ensuite les outils de communication de masse se multiplient et nous couvrent de messages à un degré inconcevable avant nous. Qu'il s'agisse de vulgariser la nouvelle d'une découverte scientifique et de ses perspectives techniques, d'annoncer un événement politique ou de publier les chiffres permettant d'apprécier une situation économique, *la machine universelle à informer* devient de plus en plus égalitaire et généreuse, ne cessant de résorber la discrimination ancienne entre l'élite au pouvoir qui savait très peu et le commun des gouvernés qui ne savait rien. Aujourd'hui, les deux savent ou peuvent savoir beaucoup. La supériorité de notre siècle sur les précédents semble donc tenir à ce que les dirigeants ou responsables de tous domaines disposent de connaissances plus fournies et plus exactes pour préparer leurs décisions, cependant que le public, de son côté, reçoit en abondance les informations qui le mettent en mesure de juger du bien-fondé de ces décisions. Une si faste convergence de facteurs favorables a dû, en bonne logique, très certainement engendrer une sagesse et un discernement sans exemples dans le passé et, par conséquent, une amélioration prodigieuse de la condition humaine. En est-il ainsi ?

L'affirmer serait frivole. Notre siècle est l'un des plus sanglants de l'histoire, il se singularise par l'étendue de ses oppressions, de ses persécutions, de ses exterminations. C'est le XXe siècle qui a inventé ou du moins systématisé le génocide, le camp de concentration, l'anéantissement de peuples entiers par la famine organisée, qui a conçu en théorie et réalisé en pratique les régimes d'asservissement les plus perfectionnés qui aient jamais accablé d'aussi grandes quantités d'êtres humains. Ce tour de force ruine, semble-t-il, l'opinion selon laquelle notre temps aurait été celui du triomphe de la démocratie.

Jean-François REVEL, *La Connaissance inutile*, 1988.

1. Vous résumerez le texte en 165 mots. Une marge de 10 % en plus ou moins est admise. Vous indiquerez, à la fin de votre résumé, le nombre de mots employés. *(8 points)*

2. Vous expliquerez le sens, dans le texte, des deux expressions en italique :
– une gestion de l'humanité par elle-même ;
– la machine universelle à informer. *(2 points)*

3. Jean-François Revel semble douter que le développement et la diffusion des connaissances entraînent automatiquement l'amélioration de la condition humaine. Partagez-vous son opinion ? *(10 points)*

2ᵉ sujet

Sartre évoque ici un souvenir d'enfance : la scène se passe en 1912, au temps du cinéma muet ; un pianiste accompagnait la projection des films.

Le spectacle était commencé. Nous suivions l'ouvreuse en trébuchant, je me sentais clandestin ; au-dessus de nos têtes, un faisceau de lumière blanche traversait la salle, on y voyait danser des poussières, des fumées ; un piano hennissait, des poires violettes luisaient au mur, j'étais pris à la gorge par l'odeur vernie d'un désinfectant. L'odeur et les fruits de cette nuit habitée se confondaient en moi : je mangeais les lampes de secours, je m'emplissais de leur goût acidulé. Je raclais mon dos à des genoux, je m'asseyais sur un siège grinçant, ma mère glissait une couverture pliée sous mes fesses pour me hausser ; enfin je regardais l'écran, je découvrais une craie fluorescente, des paysages clignotants, rayés par des averses ; il pleuvait toujours, même au gros soleil, même dans les appartements ; parfois un astéroïde en flammes traversait le salon d'une baronne sans qu'elle parût s'en étonner. J'aimais cette pluie, cette inquiétude sans repos qui travaillait la muraille. Le pianiste attaquait l'ouverture des *Grottes de Fingal*[1] et tout le monde comprenait que le criminel allait paraître : la baronne était folle de peur. Mais son beau visage charbonneux cédait la place à une pancarte mauve : « Fin de la première partie ». C'était la désintoxication brusquée, la lumière. Où étais-je ? Dans une école ? Dans une administration ? Pas le moindre ornement : des rangées de strapontins qui laissaient voir, par en dessous, leurs ressorts, des murs barbouillés d'ocre, un plancher jonché de mégots et de crachats. Des rumeurs touffues remplissaient la salle, on réinventait le langage, l'ouvreuse vendait à la criée des bonbons anglais, ma mère m'en achetait, je les mettais dans ma bouche, je suçais les lampes de secours. Les gens se frottaient les yeux, chacun découvrait ses voisins. Des soldats, les bonnes du quartier ; un vieillard osseux chiquait, des ouvrières en cheveux riaient très fort ; tout ce monde n'était pas de notre monde ; heureusement, posés de loin en loin sur ce parterre de têtes, de grands chapeaux, palpitants, rassuraient.

Jean-Paul SARTRE, Les Mots, 1964.

Vous ferez de ce texte un commentaire composé. Vous pourrez notamment montrer comment se conjuguent ici, dans l'écriture même du texte, l'émerveillement de l'enfant et l'ironie de l'adulte.

---

1. *La Grotte de Fingal* (et non *les Grottes*) est une œuvre du compositeur allemand Félix Mendelssohn (1809-1847).

3ᵉ sujet

Préparant *L'Homme révolté* (1951), Albert Camus écrit que les grands romanciers « ont fait le procès de ce monde et de notre condition ».

Cette remarque vous paraît-elle juste ? Vous appuierez vos reflexions sur des exemples précis empruntés aux romans que vous connaissez.

AMÉRIQUE DU NORD

1ᵉʳ sujet

Le français face à son destin.

Ce qui anime certains des défenseurs français de la pureté du lexique et de la francophonie, ce sont moins des craintes pour l'avenir de la langue française qu'une nostalgie de la grandeur passée. Celle de la France elle-même. Expression sublimée[1] de l'attachement à la patrie française, leur passion pour sa langue, comme miroir de l'imaginaire, lieu des symboles nationaux et ultime refuge des rêves, est surtout inspirée par le refus du détrônement au profit de l'anglo-américain, c'est-à-dire des États-Unis. Or, il ne semble pas que ce nationalisme déguisé en idéaux internationalistes soit partagé par tous les Français. Le récent mouvement d'intérêt pour la francophonie, révélé par le sondage dont on a fait état précédemment, ne semble pas inspiré chez les Français par une nostalgie d'*imperium*[2] politique. Du reste, même quand les usagers s'intéressent au sort de la langue au point d'y investir des valeurs symboliques liées à la nation, il est rare que ce souci les occupe plus que celui de leur bien-être matériel. La mort à peu près totale du français en Louisiane prouve que l'assimilation linguistique, au bout de quelque temps, finit par être acceptée, si elle est la condition de l'intégration économique ou, plus encore, de l'accès à l'aisance. C'est seulement alors que l'on peut, comme il est arrivé aux Acadiens[3], prendre conscience du danger de laisser disparaître un *patrimoine culturel*. Cependant, l'attachement à la langue comme symbole de la patrie risque de

---

1. **sublimée** : idéalisée.
2. *imperium* : pouvoir.
3. **Acadiens** : habitants de la Nouvelle-Écosse, au Canada, d'origine française et francophone.

constituer un obstacle dans l'entreprise de promotion de la francophonie. En effet, si langue et patrie française peuvent être pensées solidairement par les Français, tel n'est pas le cas pour les autres pays francophones. C'est pourquoi la notion de patrie devrait prendre ici un contenu culturel et linguistique plutôt que politique. C'est d'une *patrie francophone* qu'il doit s'agir. Elle correspond non à une entité politique, mais à un vaste espace géographique et culturel, auquel participent tous les francophones du monde. [...]

Il existe aujourd'hui une aspiration à l'indépendance culturelle. Puisque l'espace francophone est dans le monde contemporain un des lieux susceptibles d'y répondre, il faut se demander quelle est la réalité de cet espace.

Or, sur ce point, un danger redoutable de l'information est la désinformation. A répéter les avertissements et les menaces, on en vient à masquer les signes d'espérance. Cette attitude peut, parfois, n'être pas innocente, ou servir de canal, volontairement ou non, à une campagne organisée d'intoxication. Mais même quand il n'est pas une stratégie préméditée de désinformation à puissant effet psychologique dans la guerre culturelle, le *lamento*[1] plus qu'ambigu sur le déclin du français méconnaît une réalité fondamentale : en cette fin de XXe siècle, où l'on aime tant à redire que le français, partout évincé, cède la place à l'anglais sur la scène internationale, en cette étape même de son histoire qui voit l'hiver du deuxième millénaire, il arrive au français de connaître un degré d'universalité dont nul n'aurait, jadis, osé rêver, ni Rivarol[2], ni les maîtres de l'école de J. Ferry, ni les colonisateurs sublimant la conquête en rêves de civilisation. Que l'on s'en réjouisse ou que l'on s'en chagrine, jamais le français n'a vécu, au cours de son histoire, cette situation remarquable qui fait qu'aujourd'hui la francophonie non

---

1. *lamento* : morceau de musique plaintif, par extension lamentations, plaintes.
2. **Rivarol** : écrivain et journaliste français (1753-1801), auteur d'un *Discours sur l'universalité de la langue française* (1784).

française dépasse numériquement celle de France. Les nostalgiques de l'aventure coloniale ne peuvent ignorer cette réalité : c'est justement au moment où la France perdait sa prépondérance politique et économique dans les pays de son ancien empire que la voix du français se trouvait renvoyée par les mille échos qui la démultipliaient, avec l'apparition, dans les assemblées internationales, de délégués francophones de tous ces pays.

Claude HAGÈGE, *Le Français et les siècles*, O. Jacob, 1987,
pages 239-241.

1. Résumez ce texte en 170 mots (+ ou − 10 %). Vous indiquerez le nombre de mots que vous avez employés. *(8 points)*

2. Expliquez dans leur contexte les expressions suivantes (soulignées dans le texte) :
– patrimoine culturel ;
– patrie francophone. *(2 points)*

3. Selon l'auteur du texte, face à la diffusion d'œuvres anglo-saxonnes, la vitalité de la création francophone ne se dément pas. Comment vous situez-vous dans cette concurrence culturelle ? Vous présenterez votre réponse dans un développement organisé en l'appuyant sur des œuvres que vous connaissez (littérature, théâtre, cinéma, musique, chanson, danse, etc.). *(10 points)*

2ᵉ sujet

Au nom du front parfait profond
Au nom des yeux que je regarde
Et de la bouche que j'embrasse
Pour aujourd'hui et pour toujours

Au nom de l'espoir enterré
Au nom des larmes dans le noir

Au nom des plaintes qui font rire
Au nom des rires qui font peur

Au nom des rires dans la rue
De la douceur qui lie nos mains
Au nom des fruits couvrant les fleurs
Sur une terre belle et bonne

Au nom des hommes en prison
Au nom des femmes déportées
Au nom de tous nos camarades
Martyrisés et massacrés
Pour n'avoir pas accepté l'ombre

Il nous faut drainer la colère
Et faire se lever le fer
Pour préserver l'image haute
Des innocents partout traqués
Et qui partout vont triompher.

Paul ÉLUARD, *Les Sept Poèmes d'amour de guerre*, 1943.

Vous ferez de ce texte un commentaire composé. Vous pourrez, par exemple, analyser le mouvement de ce poème et en analyser les images, en vous appuyant sur le titre et la date de publication du recueil.

3ᵉ sujet

A la question : « Qu'est-ce qui vous retient le plus dans le livre ? », Angelo Rinaldi, romancier et critique littéraire contemporain, a répondu : « Ce que je demande à un livre, c'est d'imposer un ton, une voix qui ne se peut confondre avec aucune autre. Pour le reste, toutes les histoires se valent. »

Qu'en pensez-vous ?

ESPAGNE

1er sujet

Les dangers de l'informatique.

Il ne faut pas oublier que l'appel massif aux technologies de l'information peut conduire, si l'on n'y prend garde, à l'univers totalitaire de *1984*[1]. La solution à nos problèmes économiques nous conduirait alors à une catastrophe sociale. Le danger est d'autant plus menaçant que la solution proposée implique une évolution rapide et énergique, dont le pire comme le meilleur peuvent découler.

Il ne serait pas raisonnable d'entreprendre ces mutations en série, sans faire en sorte que le meilleur l'emporte. Cette marche forcée vers la télématique nécessite une exploration minutieuse du terrain social. Et une reconnaissance des dangers potentiels.

Il ne faut pas oublier que l'ordinateur n'est en fait qu'un fantastique outil. Dès lors que l'on parie sur son usage massif, il importe de le faire dans le cadre d'objectifs clairs et sévèrement contrôlés.

Le premier de ces *dangers potentiels*, nous le trouvons dans la modification des conditions de travail qui peut conduire à remplacer bien des activités traditionnelles par d'autres tout aussi répétitives : concentration, centralisation, cadences imposées, horaires stricts, en seraient les conséquences. Ce danger est d'autant plus réel que, jusqu'à ces

---

1. **l'univers totalitaire de *1984*** : allusion au célèbre roman de l'écrivain anglais George Orwell, intitulé *1984* et paru en 1948.

dernières années, l'informatique est apparue comme une technique chère et lourde à mettre en œuvre, qui a favorisé la concentration et la centralisation. Phénomène aggravé par l'obligation de formaliser et de standardiser avant d'informatiser, ce qui entraîne d'importants risques de rigidité et d'uniformité.

Prendre conscience et se préserver de tels excès est d'autant plus important que les mêmes techniques autorisent la mise en place d'organisations souples, vivantes, le travail y gagnant en définitive de l'intérêt. La baisse rapide des coûts matériels devrait contribuer à une évolution positive, puisqu'elle favorise la déconcentration et la décentralisation des applications. Mais il est difficile de prévoir de quel côté penchera la balance. Cela dépendra de l'effort d'imagination accompli. Souhaitons que cet effort ne se limite pas à surajouter l'automatisation à une organisation déjà existante !

Les modifications d'équilibre entre les différents pouvoirs constituent un deuxième danger important. L'information occupe en effet une telle place dans notre économie moderne qu'elle agit sur les bases mêmes de notre société démocratique.

Ainsi aux États-Unis, un certain équilibre a été maintenu en dotant le Congrès de moyens informatiques et bureautiques puissants, autorisant l'accès aux documents détenus par l'administration. Au niveau international, les exemples d'embargo technologique portant sur les produits de l'électronique et les débats sur les flux transfrontières des données témoignent d'une prise de conscience de l'importance stratégique des industries de l'information dans les rapports de forces entre États. Mais en France, la concentration sur Paris du parc d'ordinateurs illustre le renforcement de la centralisation par l'informatique.

Ces déséquilibres sont difficiles à prévoir et donc à contrôler. Il importe de leur porter une attention d'autant plus soutenue.

Les nombreux débats qui ont accompagné en France la naissance d'une réglementation de l'informatique visant à protéger la vie privée des individus ont mis l'accent sur une troisième grande menace. Cette réglementation et les législations adoptées dans le plupart des pays occidentaux établissent en principe des droits nouveaux pour les personnes : droit d'information, de vérification et rectification concernant toute mention nominative dans un fichier informatique. Les informations nominatives conservées et traitées sur ordinateur doivent être rigoureusement exactes, limitées à celles qu'imposent les traitements, et conservées seulement pour un temps donné. Si ces législations constituent une reconnaissance, non négligeable, du droit au secret de la vie privée, il reste à savoir comment chacun d'entre nous la fera respecter.

Un autre risque serait une trop grande dépendance vis-à-vis des technologies de l'information. Il pourrait naître de la complexité des outils utilisés, de leur usage trop souvent centralisé et concentré, et d'une tendance excessive à intégrer les systèmes d'information, à les faire dépendre les uns des autres. Bien souvent les installations informatiques sont mal protégées contre un sabotage ou une utilisation frauduleuse. Cela au point qu'un chercheur américain a pu affirmer qu'il était relativement facile de créer aux États-Unis une dépression économique grave en mettant hors d'état le réseau de transfert de fonds.

L'informatique pourrait d'ailleurs induire d'autres *dépendances plus insidieuses*, comme la rationalisation à outrance ou encore la dominiation culturelle de ceux qui maîtrisent les technologies de l'information.

Martin ADER, Le Choc informatique, 1984.

1. Vous résumerez ce texte en 190 mots ; un marge de 10 %, en plus ou en moins, est admise. Vous indiquerez à la fin de votre résumé le nombre exact de mots employés. *(8 pts)*

2. Expliquez le sens dans ce texte de :
– dangers potentiels ;
– dépendances plus insidieuses. *(2 pts)*

3. « Il ne faut pas oublier que l'ordinateur n'est en fait qu'un fantastique outil » écrit l'auteur. Vous commenterez et discuterez ce point de vue en l'élargissant à toutes les techniques modernes d'information et de communication. *(10 pts)*

2ᵉ sujet *

Frédéric Moreau, le héros de L'Éducation sentimentale, *participe à une soirée costumée chez Rosanette, une courtisane.*

Alors elle[1] prit sur le poêle une bouteille de vin de Champagne, et elle le versa de haut, dans les coupes qu'on lui tendait. Comme la table était trop large, les convives, les femmes surtout, se portèrent de son côté, en se dressant sur la pointe des pieds, sur les barreaux des chaises, ce qui forma pendant une minute un groupe pyramidal de coiffures, d'épaules nues, de bras tendus, de corps penchés ; et de longs jets de vin rayonnaient dans tout cela, car le Pierrot[2] et Arnoux[2], aux deux angles de la salle, lâchant chacun une bouteille, éclaboussaient les visages. Les petits oiseaux de la

---

1. **elle** : il s'agit de Rosanette encore appelée dans le texte « la Maréchale » en raison de son costume.
2. le Pierrot, la Débardeuse, la Sauvagesse, l'Enfant de chœur : personnages désignés par le nom de leur costume.
Arnoux, Hussonnet, la Vatnaz : amis de Frédéric.

volière, dont on avait laissé la porte ouverte, envahirent la salle, tout effarouchés, voletant autour du lustre, se cognant contre les carreaux, contre les meubles ; et quelques-uns, posés sur les têtes, faisaient au milieu des chevelures comme de larges fleurs.

Les musiciens étaient partis. On tira le piano de l'anti-chambre dans le salon. La Vatnaz[2] s'y mit, et, accompagnée de l'Enfant de chœur[2] qui battait du tambour de basque[3], elle entama une contredanse avec furie, tapant les touches comme un cheval qui piaffe, et se dandinant de la taille, pour mieux marquer la mesure. La Maréchale[1] entraîna Frédéric, Hussonnet[2] faisait la roue, la Débardeuse[2] se disloquait comme un clown, le Pierrot avait des façons d'orang-outang, la Sauvagesse[2], les bras écartés, imitait l'oscillation d'une chaloupe. Enfin tous, n'en pouvant plus, s'arrêtèrent ; et on ouvrit une fenêtre.

Le grand jour entra, avec la fraîcheur du matin. Il y eut une exclamation d'étonnement, puis un silence. Les flammes jaunes vacillaient, en faisant de temps à autre éclater leurs bobèches[4], des rubans, des fleurs et des perles jonchaient le parquet ; des taches de punch et de sirop poissaient les consoles ; les tentures étaient salies, les costumes fripés, poudreux ; les nattes pendaient sur les épaules ; et le maquil-lage coulant avec la sueur, découvrait des faces blêmes, dont les paupières rouges clignotaient.

Gustave FLAUBERT, *L'Éducation sentimentale*, 1869.

Vous ferez de cet extrait de roman un commentaire composé. Vous pourriez montrer comment récit et descrip-tion contribuent à produire des atmosphères différentes.

---

3. **tambour de basque** : sorte de petit tambour, composé d'un large cerceau de bois et d'une peau bandée dessus, garni de grelots et de petites plaques de cuivre dont on joue en le tenant d'une main et en le frappant de l'autre.
4. **bobèche** : disque de verre ou de métal à rebords, percé au milieu, que l'on adapte à un bougeoir pour empêcher la cire de couler.

3ᵉ sujet

« Écrire, c'est passer son temps à modifier le réel. » (Didier Decoin.)

Vérifiez-vous dans vos lectures la justesse de cette appréciation ?

MAROC-SÉNÉGAL

1er sujet

Dans une société de masse, mais aussi de communication, le fait divers est une information chaude et circonstanciée, localisée. Ni spectacle pur comme les variétés, les rencontres sportives ou la politique, ni projet issu de la volonté d'un groupe, il participe à la fois de l'information de masse (en ce sens qu'il est accessible à tous par le biais des médias, il est avant tout événement médiatique), mais en même temps il émane d'un lieu daté, il est chair et sang en son origine.

C'est ce double aspect réel et redondant dans l'image qui en est diffusée, qui en fait un *vecteur privilégié de communion* : le fait divers devient tel lorsqu'après avoir été événement puis image, il devient commentaire d'un petit groupe, occasion de parole commune.

Les sociologues et les intellectuels sont sans doute les moins bien placés pour observer ce stade ultime du fait divers. La presse nationale est peu friande de cet « opium » du peuple. On peut cependant observer que certains journaux (*Libération, Le Matin*) n'ont pas manqué de prendre en compte l'attirance (parfois honteuse) du public cultivé pour les crimes et les délits « genre *France-soir* ». A la différence de la présentation brute, façon « la Belle et la Bête », des quotidiens de masse et des journaux régionaux, leur version du fait divers est toujours orientée vers son abstraction, sa généralisation. D'un côté la mythologie bien décrite par Georges Auclair, de l'autre une démythologisation[1] qui doit fournir une traduction en termes plus criti-

---

1. **démythologisation** : ce néologisme désigne ici une présentation abstraite, générale.

ques. Quoi qu'il en soit, l'importance médiatique du fait divers est avérée. Mais on se tromperait en interprétant le fait divers comme pure création médiatique, distillé à une masse passive. Certes l'amplification de la circulation de l'information a accentué l'importance et le volume des faits divers, mais que l'événement générateur soit un vol dans un jardin, ou un tremblement de terre à Mexico, peu importe, le fait divers est l'occasion de jouer au « comme si ». Comme le conte, le carnaval, le jeu enfantin, le commentaire du fait divers permet de parler, sans en parler, de la mort, de la violence, du sexe, des lois et de leur transgression. Cette mise en commun de ce qui obnubile[1] toute société, de cet « humain trop humain »[2], peut s'effectuer sans danger grâce à *l'écart médiatique*. Le commentaire sur un événement relaté permet cette distance, ce détour. De même que le ragot n'acquiert son plein déploiement que quand il sort du cercle des connaissances, quand ceux qui le colportent le tiennent déjà eux-mêmes de quelqu'un qui le tient également d'un autre, etc., de même, le fait divers n'est tel que quand aucun des protagonistes n'est connu. Il est d'ailleurs frappant d'observer comment les journalistes se heurtent à un mur de silence quand ils essaient de faire parler le village théâtre du drame, les voisins du bandit, les proches du protagoniste. Les volets se baissent, les portes se ferment. Mais il est par contre facile de rencontrer quelqu'un qui connaît quelqu'un qui éventuellement pourrait parler. C'est ainsi d'ailleurs que le fait divers devient rumeur d'autant plus facilement qu'il n'y a pas ou très peu d'événements à l'origine.

Histoire sans sujet réel, ou dont les sujets ont perdu toute substance objective, le fait divers est en ce sens une mise en scène. Il doit être événement passé, il doit avoir perdu de sa réalité, pour pouvoir être réinjecté dans l'imaginaire collectif. [...]

---

1. **obnubiler** : pris ici au sens d'obséder.
2. **humain trop humain** : allusion à un ouvrage philosophique de Nietzsche (1844-1900).

Le fait divers est donc une forme d'agrégation sociale, il fonde la communauté, assure la « reliance »[1] du groupe, il est à la base d'une *puissance* populaire qui dépasse, et de beaucoup, le simple *pouvoir* politique. Le rire et l'ironie sont explosion de vie, même et surtout lorsque celle-ci est exploité et dominée. La dérision souligne que même dans les conditions les plus difficiles on peut, contre ou à côté de ceux qui en sont les responsables, se réapproprier son existence et essayer d'une manière relative d'en jouir. Perspective tragique s'il en est, qui entend moins changer le monde que s'en accommoder ou l'aménager ; tant il est vrai que l'on ne change pas la mort (forme paroxystique de l'aliénation), mais que l'on peut s'y habituer, ruser avec elle ou l'adoucir.

Michel MAFFESOLI, « Faits divers », Autrement, Avril 1988.

1. Vous résumerez le texte en 170 mots. Une marge de 10 % en plus ou en moins est admise. Vous indiquerez, à la fin de votre résumé, le nombre de mots employés. *(8 points)*

2. Vous expliquerez le sens, dans le texte, des deux expressions soulignées :
– « vecteur privilégié de communion » ;
– « l'écart médiatique ». *(2 points)*

3. Le fait divers est-il aujourd'hui, comme le pense l'auteur, « une histoire sans sujet réel » qui intéresse essentiellement par sa « mise en scène » ? *(10 points)*

2e sujet

Ce poème figurait d'abord dans le recueil Cellulairement *qui rassemble des poèmes écrits en prison. Le titre initial était :* Promenade au préau. Prévenus.

---

1. *reliance* : mot anglais, confiance qui assure la cohésion du groupe.

Autre[1].

La cour se fleurit de souci
    Comme le front
    De tous ceux-ci
    Qui vont en rond
En flageolant sur leur fémur
    Débilité
    Le long du mur
    Fou de clarté.

Tournez, Samsons sans Dalila,
    Sans Philistin[2],
    Tournez bien la
    Meule au destin.
Vaincu risible de la loi,
    Mouds tour à tour
    Ton cœur, ta foi
    Et ton amour !

Ils vont ! et leurs pauvres souliers
    Font un bruit sec,
    Humiliés,
    La pipe au bec.
Pas un mot ou bien le cachot,
    Pas un soupir.
    Il fait si chaud
    Qu'on croit mourir.

J'en suis de ce cirque effaré,
    Soumis d'ailleurs
    Et préparé
    A tous malheurs.

---

1. Ce titre renvoie au poème précédent, de thème analogue.
2. **Samson** : personnage biblique à la force légendaire. Dalila, dont il était amoureux, le trahit et le livra aux Philistins qui l'obligèrent à tourner une meule.

Et pourquoi si j'ai contristé[3]
  Ton vœu têtu,
  Société,
  Me choierais-tu ?

Allons, frères, bons vieux voleurs.
  Doux vagabonds,
  Filous en fleurs,
  Mes chers, mes bons,
Fumons philosophiquement,
  Promenons-nous
  Paisiblement :
  Rien faire est doux.

Paul VERLAINE, Parallèlement, 1889.

Vous ferez de ce texte un commentaire composé. Vous pourrez étudier notamment comment est suggérée l'impression d'une ronde sans fin dans ce poème où se mêlent l'humour et la résignation.

3ᵉ sujet

Dans *Entretiens autour du cinématographe*, 1951, Jean Cocteau déclare :

« Je ne crois pas à ce terme à la mode : l'évasion. Je crois à l'invasion. Je crois qu'au lieu de s'évader par une œuvre, on est envahi par elle [...]. Ce qui est beau, c'est d'être envahi, habité, inquiété, obsédé, dérangé par une œuvre. »

Vous commenterez et discuterez cette opinion en vous appuyant sur des exemples précis empruntés à vos lectures personnelles.

---

3. **contrister** : causer de la tristesse, contrarier.

PORTUGAL

1er sujet *

Pourquoi le livre recherche-t-il tant les faveurs de la télévision ? La réponse est banale : elle touche plusieurs millions d'individus en même temps ; et si l'on s'en réfère aux tarifs des spots publicitaires diffusés avant et après les émissions littéraires, celles-ci représentent pour les éditeurs l'équivalent de milliards de francs de promotion (la publicité pour le livre est d'ailleurs interdite à la télévision). Une bonne « prestation » télévisée au cours d'une émission littéraire à fort indice d'écoute peut du jour au lendemain révéler un auteur hier encore inconnu ou faire décoller les ventes. Il en résulte que le passage à la télévision est aujourd'hui le parcours obligé de toute la gent éditoriale. Pour l'auteur débutant ou obscur, c'est la possibilité de se voir décerner un acte de naissance littéraire. Pour l'éditeur, c'est un billet de loterie qui ne coûte rien et peut rapporter gros : un livre lancé par une « bonne télé » s'arrache dès le lendemain en librairie. Pour le lecteur, c'est un guide d'achat : la caution de l'animateur télévisé, l'estampille « passé à la télé » vaut pour lui toutes les consécrations ; pour le téléspectateur qui ne lit jamais, enfin, ces émissions sont autant de « salons littéraires » qui lui permettent de se tenir au courant de la vie culturelle, tout en faisant l'économie de la lecture proprement dite. Ainsi à première vue, le mariage du livre et de la télévision semble devoir rallier tous les suffrages.

Il n'en est rien en fait. La télévision fait vendre, soit ; mais fait-elle toujours vendre, et faut-il vendre à tout prix ? Il existe un revers à cette médaille dorée, qui dans une certaine mesure annule ou amoindrit ce qu'elle a de positif.

Opposer le livre aux médias a quelque chose de paradoxal. Le livre n'est-il pas un média, le plus ancien historiquement, et que les médias audivisuels, malgré leur puissance, n'ont pas encore pu détrôner ? Pourtant, c'est l'évidence, il existe *une différence intrinsèque*, totale, définitive, qui sépare le livre de l'audiovisuel, et fait que ces frères ennemis oscillent souvent entre l'indifférence blasée, la détestation féroce et le flirt sans lendemain. Leur union n'est pourtant pas infé-conde, loin de là ; mais ces parents terribles donnent souvent naissance à des enfants hybrides et monstrueux. Mariage d'amour, parfois ; *mariage de déraison*, souvent. Média le plus puissant, le plus cher, et celui qui touche le plus de gens à la fois, mais privilégiant l'oral et l'image, la télévision s'oppose trait pour trait au livre, qui, lui, véhicule du texte et du sens. Culture traditionnelle d'un côté, culture de masse de l'autre...

Cette opposition fondamentale a des effets précis. On peut lire un texte à la radio, la voix de l'interprète se substituant à la voix intérieure du lecteur ; mais pas à la télévision, où les gestes, l'attitude, le physique de l'interprète distraient le spectateur de l'écoute de ce qu'il lit. Pour faire passer un livre à la télévision, il ne faut donc pas le lire, mais en parler. Le commentaire se substitue au texte. Un auteur, devant sa feuille de papier, doit travailler mille et mille fois sa phrase ; il doit savoir jongler avec elle sur un plateau de télévision. De scribe, il devient barde[1] ; le penseur doit se faire causeur, l'esprit profond se métamorphoser en esprit brillant. Or cette mutation momentanée, si elle est nécessaire, n'est pas forcément aisée à opérer. On connaît le problème, souvent soulevé, de la « télégénie » : un auteur séduisant, sympathi-que, s'exprimant avec aisance emportera haut la main l'ad-hésion du public, quel que soit l'intérêt de son œuvre ; à l'inverse, un auteur intimidé ou dont le physique ou l'atti-tude ne « passent » pas à l'écran aura du mal à promouvoir un essai de cinq cents pages... Pour peu que le premier soit

---

1. **barde** : ici, personne habile dans l'art de la parole.

un habitué des médias et le second mort de trac, l'injustice apparaîtra encore plus flagrante. L'auteur traditionnel avait, pour convaincre son public, l'espace de deux cents, trois cents pages ou plus. L'auteur médiatisé aussi, mais il doit au préalable convaincre ce même public en cinq minutes, ce qui n'est pas du tout le même exercice.

Edouard BRASEY, « Livre et télévision : des relations paradoxales »,
L'Année des Lettres, 1988.

1. Vous résumerez le texte en 180 mots. Une marge de 10 % en plus ou en moins est admise. Vous indiquerez, à la fin de votre résumé, le nombre de mots employés. *(8 pts)*

2. Vous expliquerez les sens, dans le texte, des deux expressions en italique :
– une différence intrinsèque ;
– mariage de déraison. *(2 pts)*

3. Peut-on opposer, comme le fait Edouard Brasey, la « culture traditionnelle » dispensée par le livre et la « culture de masse » née de la télévision ? *(10 pts)*

2ᵉ sujet *

Marianne, l'héroïne du roman, âgée alors d'une cinquan-taine d'années, envoie à une destinataire anonyme le récit de sa jeunesse. Renversée, au sortir de l'église, par le carrosse de Valville, un jeune homme dont elle avait remarqué les regards, elle est conduite chez lui pour y être examinée par un médecin.

Quand mon pied fut en état[1], voilà le chirurgien qui l'examine et qui le tâte. Le bonhomme, pour mieux juger le mal, se baissait beaucoup, parce qu'il était vieux, et Valville, en conformité de geste, prenait insensiblement la même

---

1. En état d'être examiné, c'est-à-dire déchaussé.

attitude, et se baissait beaucoup aussi, parce qu'il était jeune ; car il ne connaissait rien à mon mal, mais il se connaissait à mon pied, et m'en paraissait aussi content que je l'avais espéré.

Pour moi, je ne disais mot, et ne donnais aucun signe des observations clandestines que je faisais sur lui ; il n'aurait pas été modeste de paraître soupçonner l'attrait qui l'attirait, et d'ailleurs j'aurais tout gâté si je lui avais laissé apercevoir que je comprenais ses petites façons : cela m'aurait obligé moi-même d'en faire davantage, et peut-être aurait-il rougi des siennes ; car le cœur est bizarre, il y a des moments où il est confus et choqué d'être pris sur le fait quand il se cache ; cela l'humilie. Et ce que je dis là, je le sentais par instinct.

J'agissais donc en conséquence ; de sorte qu'on pouvait bien croire que la présence de Valville m'embarrassait un peu, mais simplement à cause qu'il me voyait et non pas à cause qu'il aimait à me voir.

Dans quel endroit sentez-vous du mal ? me disait le chirurgien en me tâtant. Est-ce là ? Oui, lui répondis-je. Aussi est-il un peu enflé, ajoutait Valville en y mettant le doigt d'un air de bonne foi. Allons, ce n'est rien que cela, dit le chirurgien, il n'y a qu'à ne pas marcher aujourd'hui ; un linge trempé dans l'eau-de-vie et un peu de repos vous guériront.

MARIVAUX, La Vie de Marianne, 1734.

Vous ferez de ce texte un commentaire composé. En vous appuyant sur une analyse précise des procédés narratifs, vous pourrez notamment étudier comment le romancier mêle humour et émotion dans le récit de la narratrice.

3e sujet

Henri Gouhier écrit dans l'*Essence du théâtre* : « Le personnage de théâtre à l'air d'être une personne. Ses

pensées et ses actes jaillissent avec une apparente sponta-
néité [...]. La suprême réussite du théâtre est dans la création
paradoxale d'un personnage mystérieux comme une personne. »

Vous commenterez cette appréciation en vous appuyant
sur l'expérience que vous avez du théâtre comme lecteur ou
comme spectateur.

Séries A, B, C, D, D', E

1er sujet*

LES JEUX ET LES HOMMES

La stabilité des jeux est remarquable. Les empires, les institutions disparaissent, les jeux demeurent, avec les mêmes règles, parfois avec les mêmes accessoires. C'est, d'abord, qu'ils ne sont pas importants et qu'ils possèdent la permanence de l'insignifiant. Il y a là un premier mystère. Car, pour bénéficier de cette sorte de continuité à la fois fluide et obstinée, il s'en faut qu'ils s'apparentent aux feuilles des arbres qui meurent d'une saison à l'autre et qui se perpétuent néanmoins identiques à elles-mêmes ; il s'en faut qu'ils s'appareillent à la pérennité du pelage des animaux, du dessin des ailes des papillons, de la courbe des spirales des coquillages qui se transmettent, imperturbables, de génération en génération. Les jeux ne jouissent pas de cette identité héréditaire. Ils sont innombrables et changeants. Ils revêtent mille formes inégalement réparties, comme les espèces végétales ; mais, infiniment plus acclimatables, ils émigrent et s'adaptent avec une rapidité et une aisance également déconcertantes. Il en est peu qu'on ait vus demeurer longtemps la propriété exclusive d'une aire de diffusion déterminée. Quand on a cité la toupie, décidément occidentale, et le cerf-volant demeuré inconnu, semble-t-il, en Europe, jusqu'au xviiie siècle, que reste-t-il ? Les autres jeux sont répandus, à date ancienne, sous une forme ou sous une autre, dans le monde entier. Ils fournissent une preuve de l'identité de la nature humaine. Si l'on a pu parfois localiser leur origine, on a dû renoncer à limiter leur expansion. Chacun séduit partout : on est forcé de convenir d'*une universalité singulière des principes*, des codes, des engins, des prouesses.

Stabilité et universalité se complètent. Elles apparaissent d'autant plus significatives que les jeux sont largement dépendants des cultures où ils sont pratiqués. Ils en accusent les préférences, ils en prolongent les usages, ils en reflètent les croyances. Dans l'antiquité, la marelle est un labyrinthe où l'on pousse une pierre – c'est-à-dire l'âme – vers la sortie. Avec le christianisme, le dessin s'allonge et se simplifie. Il reproduit le plan d'une basilique : il s'agit de faire parvenir l'âme, de pousser le caillou jusqu'au Ciel, au Paradis, à la Couronne ou à la Gloire, qui coïncide avec le maître-autel de l'église, schématiquement représentée sur le sol par une suite de rectangles. Dans l'Inde, on jouait aux échecs avec quatre rois. Le jeu passa dans l'Occident médiéval. Sous la double influence du culte de la Vierge et de l'amour courtois, l'un des rois fut transformé en Reine ou en Dame, qui devint la pièce la plus puissante, tandis que le Roi se trouvait confiné au rôle d'enjeu idéal, mais quasi passif, de la partie. L'important, toutefois, est que ces vicissitudes n'ont pas atteint la continuité essentielle du jeu de la marelle ou du jeu des échecs.

On peut aller plus loin et dénoncer d'autre part une solidarité véritable entre toute société et les jeux qui s'y trouvent pratiqués avec prédilection. Il existe, en effet, une affinité qui ne peut que s'accroître entre leurs règles et les qualités et défauts ordinaires des membres de la collectivité.

Ces jeux préférés et plus répandus manifestent, pour une part, les tendances, les goûts, les façons de raisonner les plus communes et, en même temps, ils éduquent et entraînent les joueurs dans ces mêmes vertus ou ces mêmes travers, *ils les confirment insidieusement dans leurs habitudes* ou leurs préférences. De sorte qu'un jeu qui est en honneur chez un peuple peut, à la fois, servir à définir certains de ses caractères moraux ou intellectuels, fournir une preuve de l'exactitude de la description et contribuer à la rendre plus vraie en accentuant ces caractères chez ceux qui s'y adonnent.

Il n'est pas absurde de tenter le diagnostic d'une civilisation à partir des jeux qui y prospèrent particulièrement. En effet, si les jeux sont facteurs et images de culture, il suit que, dans une certaine mesure, une civilisation et, à l'intérieur d'une civilisation, une époque peut être caractérisée par ses jeux. Ils en traduisent nécessairement la physionomie générale et apportent des indications utiles sur les préférences, les faiblesses et les forces d'une société donnée à tel moment de son évolution.

Roger CAILLOIS, *Les Jeux et les hommes*, 1958.

1. Vous ferez de ce texte un résumé en 183 mots. (Une marge de 10 % en plus ou en moins est toutefois admise.) Vous indiquerez à la fin de votre résumé le nombre de mots employés. *(8 pts)*

2. Expliquer les expressions suivantes :
– une universalité singulière des principes ;
– ils les confirment insidieusement dans leurs habitudes. *(2 pts)*

3. « Il n'est pas absurde de tenter le diagnostic d'une civilisation à partir des jeux qui y prospèrent particulièrement. »

Que nous révèlent sur notre époque ses jeux et plus généralement ses distractions ? Vous pourrez réfléchir à cette question en faisant appel à votre expérience personnelle et à vos lectures (une comparaison avec les jeux et distractions des siècles passés est possible). *(10 pts)*

2e sujet*

Exilé à Bruxelles en juin 1852 après le coup d'État de Louis-Napoléon Bonaparte, Victor Hugo apprend que trois exécutions capitales – dont celle d'un condamné politique – ont eu lieu à Paris. Il s'en prend alors directement à celui qu'il nomme dans Les Châtiments *« Napoléon le Petit », c'est-à-dire Napoléon III.*

O sauveur, ô héros, vainqueur de crépuscule,
César[1] ! Dieu fait sortir de terre les moissons,
La vigne, l'eau courante abreuvant les buissons,
Les fruits vermeils, la rose où l'abeille butine,
Les chênes, les lauriers, et toi la guillotine.
Prince qu'aucun de ceux qui lui donnent leurs voix
Ne voudrait rencontrer le soir au coin d'un bois !
J'avais le front brûlant ; je sortis par la ville.
Tout m'y parut plein d'ombre et de guerre civile,
Les passants me semblaient des spectres effarés ;
Je m'enfuis dans les champs paisibles et dorés,
O contre-coups du crime au fond de l'âme humaine !
La nature ne put me calmer. L'air, la plaine,
Les fleurs, tout m'irritait ; je frémissais devant
Ce monde où je sentais ce scélérat vivant.
Sans pouvoir m'apaiser je fis plus d'une lieue.
Le soir triste monta sous la coupole bleue ;
Linceul frissonnant, l'ombre autour de moi s'accrut ;
Tout à coup la nuit vint, et la lune apparut
Sanglante, et dans les cieux, de deuil enveloppée,
Je regardais rouler cette tête coupée.

Jersey [20] mai 1953, Victor H<small>UGO</small>, Les Châtiments.

---

1. Ces termes désignent ironiquement Napoléon III, que Victor Hugo oppose à son oncle Napoléon Ier vainqueur à Austerlitz, et à Dieu.

Vous ferez de ce texte un commentaire composé. Vous pourriez par exemple analyser comment, par les voies de la satire et celles d'une transfiguration du réel, Victor Hugo parvient à traduire son indignation.

Mais ces indications ne sont pas contraignantes et vous avez toute latitude pour organiser votre travail à votre guise, en vous abstenant seulement de présenter un commentaire linéaire, ou fondé sur une distinction artificielle entre le fond et la forme.

3e sujet*

Kleber Haedens écrivait dans *Paradoxe sur le roman* : « Il est très dangereux de lier le sort d'une œuvre d'art au sort d'une époque. Ce que nous voyons de notre époque n'est sans doute pas ce que les siècles futurs en verront... Les grandes œuvres ne sont jamais essentiellement une peinture des mœurs. »

Sans vous en tenir nécessairement au roman, vous vous demanderez quelle place occupe, dans les œuvres littéraires et artistiques que vous choisirez d'analyser, le témoignage sur leur époque.

POLYNÉSIE FRANÇAISE

1er sujet*

La « personne humaine » – on peut dire que c'est le mythe vivant de nos civilisations occidentales, celui auquel nous croyons et devons croire dans toute la mesure où notre type de civilisation doit poursuivre sa carrière. Ce n'est pourtant qu'une croyance relative à un état donné de civilisation.

La personne humaine, la *persona*[1] dirons-nous désormais pour désigner le mythe vivant qui est le nôtre, nous paraît – comme chaque fois qu'on croit à quelque chose, au Père Noël ou à l'Ogre – un absolu, un être existant. Aussi sommes-nous troublés par tout ce qui menace la personnalité et *notre croyance en la personnalité*. Cela nous paraît impie, sacrilège. Les agressions contre la personnalité sont, dans notre code des valeurs, les plus abominables de toutes – et ce, d'autant plus que nous avons appris depuis quelques dizaines d'années que la personnalité humaine est plus fragile que nous n'imaginions ; quelque chose qui est facilement malade, qu'il est relativement aisé de briser et de détruire ; quelque chose que tous les humains n'ont pas et dont beaucoup se passent fort bien.

Nous nous sommes aperçu aussi que la *persona* [...] n'est pas quelque chose que chacun apporte avec soi en naissant, mais quelque chose qui se fabrique au cours de l'existence sociale de l'individu et qui *se cristallise* au moment de la mue. La *persona* portée par l'individu est un fait social, un fabricat[2]. Dès la prime enfance, on nous apprend deux choses, au fond contradictoires – mais de combien de

1. *persona* (pluriel *personae*) : mot latin signifiant le masque que portaient les acteurs de théâtre.
2. **fabricat** : production artificielle.

contradictions n'est pas issu notre univers mental : *primo* nous avons tous une personnalité ; *secundo* il faut en avoir une.

La *persona* est une sorte de coquille, de carapace, qui est indispensable à l'individu pour vivre en société ; elle est un accessoire indispensable de la vie sociale, un revêtement, un tégument[1] qui isole l'individu par rapport aux autres, le protège contre eux ; qui facilite et régularise les échanges entre les individus ; qui permet à l'individu de s'intégrer dans la structure du groupe. Sinon, l'individu est inintégrable, il est « asocial » ; le groupe le broie, le rejette, l'élimine.

En Occident, l'éducation consiste fondamentalement dans la formation de ce tégument qu'est la *persona*. On propose à l'enfant une série de modèles de personnage à revêtir ; on lui offre une série de types de personnes. D'abord le père, la mère, les aînés. Ensuite les héros de l'histoire, de la religion, de la littérature, du cinéma, dont l'utilité principale est précisément de proposer à l'enfant comme un catalogue illustré de *personae* prêtes à porter, avec un petit bout de rôle, quelques indications de comportement correspondant au type ; des thèmes sur lesquels chacun improvisera dans d'étroites limites, comme les acteurs de la *Commedia dell'arte* sur les thèmes de Scaramouche, Scapin, Polichinelle, Arlequin, Colombine.

On présente ensuite à l'adolescent un catalogue de personnes professionnelles : l'ingénieur, le contre-maître, le professeur, le prêtre, le chef d'industrie, le banquier, l'avocat, le médecin. Il est prié d'en choisir une et de se préparer à la porter convenablement, dignement, d'en faire un succès social.

On considère comme « asocial » (et cela est sévèrement jugé) que l'adolescent n'adopte pas l'une des personnalités

---

1. **tégument** : enveloppe protectrice de certaines graines.

qu'on lui propose. A la rigueur on tolérera qu'il en prenne une autre que celles mises à portée de sa main ; mais, du moins, qu'il en prenne une, même imprévue. L'inadmissible serait qu'il se refuse à en adopter une quelconque.

De même il est « asocial » de vouloir changer la personnalité pendant la durée de la représentation, c'est-à-dire en cours d'existence. Qu'un artiste comique veuille jouer des rôles tragiques, qu'un romancier veuille devenir metteur en scène de cinéma, qu'un fonctionnaire veuille devenir homme d'affaires : « cela ne vous convient pas », lui dit-on, et on le lui fait sentir. On considère comme une trahison que vous ne restiez pas fidèle à la *persona* que vous avez une fois endossée. Chacun est esclave de sa *persona*.

Pierre BERTAUX, La mutation humaine, 1964.

1. Vous résumerez le texte en 170 mots. Une marge de 10 % en plus ou en moins est admise. Vous indiquerez, à la fin de votre résumé, le nombre de mots employés. *(8 points)*

2. Vous expliquerez le sens dans le texte des expressions en italique :
– notre croyance en la personnalité ;
– se cristallise. *(2 points)*

3. Considérez-vous comme « asocial » le fait « que l'adolescent n'adopte pas l'une des personnalités qu'on lui propose » ?

2ᵉ sujet*

Pendant l'hiver 1939-1940, Cendrars, correspondant de guerre en Angleterre, doit visiter des usines d'armement ; mais son chauffeur, d'humeur fantasque, lui réserve une surprise.

Tout à coup, mon phénomène de chauffeur donna un brusque coup de volant. Où étions-nous ? J'essuyai la glace. Je vis à un poteau indicateur planté de travers que nous bifurquions sur Londres. La neige avait cessé de tomber avec abondance. Les derniers flocons planaient. Mais bientôt je poussai une exclamation de surprise. Des centaines de saucisses[1] flottaient dans l'atmosphère. Il y en avait à tous les niveaux, à quelques mètres du sol et très haut, très haut en l'air. Celles qui étaient le plus proches, luisantes et paisibles, ressemblaient à des grosses vaches au piquet dans un clos, mais les plus hautes, arrêtées dans les nues au bout de leur câble surtendu, avaient quelque chose d'irrité, d'agité, d'impatient et semblaient prêtes à rompre leur attache et à foncer, bondir. Ce troupeau suspendu en l'air offrait un spectacle inattendu et assez extraordinaire ; mais, un peu plus loin, quand au détour de la route la voiture passa devant la bergerie de ces bêtes instables d'un nouveau genre, je me crus transporté au pays de mon enfance tellement l'usine devant laquelle nous ne nous arrêtâmes pas et où se fabriquent les ballons captifs dont le barrage établi dans le ciel assure la défense des villes et des ports anglais, tenait de la vieille boîte à joujoux et du miracle de l'anticipation scientifique.

Blaise CENDRARS, Bourlinguer, 1948.

Vous ferez de ce texte un commentaire composé. Vous montrerez, par exemple, en étudiant les moyens et le ton de la narration, comment s'effectue le passage du monde réel au pays de l'enfance.

3e sujet*

Selon l'opinion de deux auteurs contemporains, *interpréter* « signifie dans son emploi courant : donner un sens à ..., et aussi s'agissant du théâtre : jouer, donner une image

---

1. **saucisses** : nom familier donné, à cause de leur forme, à des ballons captifs utilisés pendant la guerre comme moyens de protection et d'observation antiaériennes.

visuelle ». « L'interprétation du texte de théâtre est indispensable [...]. Elle peut être le fait des acteurs. [...] Elle est aussi le fait du metteur en scène. [...] Elle est, enfin, le fait du lecteur qui imagine selon ses goûts et sa culture les personnages, leurs faits et gestes, et charge donc le texte de sens divers. »

En faisant référence à vos lectures de pièces et aux spectacles que vous avez pu voir, vous expliquerez dans quelle mesure vous partagez cette opinion.

ARGENTINE

Brésil (sauf Brasilia), Chili, Pérou, Uruguay, Bolivie

1er sujet

On assimile souvent la règle sportive à la règle sociale. Celle-ci est imposée, elle est garde-fou contre l'agressivité, barrière entre groupes ou individus. Elle est, au mieux, intériorisée, c'est-à-dire acceptée. La règle sportive ne canalise pas l'agressivité : elle l'organise, elle lui est un indispensable prétexte, le moyen choisi de s'exprimer. Pulsion douteuse, maladive dans la vie sociale, l'agressivité devient en sport vertu majeure.

Si je défie un ami dans un sport aussi « pur » – dénué de contact physique – que le tennis, nulle pitié, nulle affection ne m'empêcheront de tenter de le battre, c'est-à-dire de le réduire, de le dominer, en profitant sans vergogne des points faibles que je lui connais, en le trompant, en l'épuisant, bref, en le considérant pendant toute la partie comme un ennemi. Loin d'altérer nos rapports, ma victoire me vaudra sa considération. Bien au contraire, si je l'épargne, je suscite sa colère. Et notre combat sans merci reçoit la bénédiction de l'éducateur, du prêtre et du gendarme.

Qui n'est pas démocrate en politique ? Or le monde du sport est celui d'une sereine aristocratie. Ordre naturel, quasi animal et admis de tous. On n'a jamais entendu un enfant déclarer : « Pourquoi mon camarade court-il plus vite que moi ? C'est injuste ! » Aristocratie qui repose sur des qualités incontestables : leur détermination ou, pour parler en termes particuliers, la « sélection » est en général simple, sans ambiguïté. Aristocratie que confirment le mètre et le chronomètre, juges incorruptibles. Le problème de sélection des équipes de haut niveau provient toujours des interférences politiques ou pécuniaires qui viennent troubler la simplicité de l'ordre sportif.

Pour restaurer cet ordre rigoureux, les Britanniques, dont on ne contestera pas l'esprit démocratique, ont pris une décision significative en confiant des pouvoirs dictatoriaux à deux hommes chargés de sélectionner respectivement l'équipe nationale de football et, en pays de Galles, l'équipe régionale de rugby. Le succès a été immédiat. Pourquoi la sensibilité politique britannique si farouche, a-t-elle accepté cette entorse aux principes démocratiques ? Parce que nous le pensons – les Anglais, en dépit de la haute faveur où ils tiennent le sport, le considèrent comme un phénomène marginal, hors de la vie quotidienne, c'est-à-dire de la dure réalité, des intérêts et des marchandages. Étrange domaine que celui du sport, bien plus proche de celui de l'armée et de la guerre, auxquelles il emprunte son vocabulaire : capitaines, stratégie, tactique, offensive, repli... que de celui où nous vivons quotidiennement !

L'ordre aristocratique du sport est spontanément admis par les masses qui aspirent cependant à l'égalité dans la vie sociale. Et voici pourquoi la politique sportive des gouvernements – quel que soit le régime – favorise délibérément les élites et peut-être paradoxalement, davantage dans les démocraties populaires. Cette ségrégation est justifiée, sinon logiquement du moins psychologiquement, par le fait que le champion est, pour la masse, un héraut[1] et un héros, un objet d'identification, une *source d'orgueil puéril et chauvin*, de même qu'au niveau gouvernemental il est la preuve de l'excellence du régime. [...]

En sportif convaincu mais conscient, nous pensons que l'espoir de « tirer » une morale du sport pour l'« introduire »

---

1. **héraut** : messager solennel au Moyen Âge.

dans la vie scolaire ou sociale est aussi vain que celui que l'on nourrirait à l'égard de l'innocent bilboquet...

Le sport appartient au monde merveilleux et enfantin du jeu, il est l'éternelle jeunesse de l'homme. Lorsque nos stades olympiques, minés par leurs contradictions, leurs parjures et leurs scandales, se seront écroulés, on entendra peut-être les cris joyeux d'enfants jouant parmi les ruines.

Jean PAULHAC, Le Monde, 27 décembre 1972.

1. Vous ferez un résumé de ce texte en 150 mots (avec une tolérance de 10 % en plus ou en moins). Vous indiquerez le nombre de mots de votre résumé. *(8 points)*

2. Expliquez le sens qu'ont dans le texte les expressions suivantes :
– l'ordre aristocratique du sport ;
– source d'orgueil puéril et chauvin. *(2 points)*

3. L'auteur affirme qu'il est « loin de tirer une morale du sport pour l'introduire dans la vie scolaire ou sociale ». Partagez-vous son opinion ? *(10 points)*

2e sujet

Après quelques lignes qui peignent la région de Cannes en hiver, Maupassant présente l'héroïne de la nouvelle. Nous apprendrons par la suite qu'elle est atteinte de tuberculose.

Une jeune femme vient de sortir de sa petite et coquette maison dont la porte est sur la Croisette. Elle s'arrête un instant à regarder les promeneurs, sourit et gagne, d'une allure accablée, un banc vide en face de la mer. Fatiguée d'avoir fait vingt pas, elle s'assied en haletant. Son pâle visage semble celui d'une morte. Elle tousse, et porte à ses lèvres ses doigts transparents comme pour arrêter ces secousses qui l'épuisent.

Elle regarde le ciel plein de soleil et d'hirondelles, les sommets capricieux de l'Estérel là-bas, et, tout près, la mer si bleue, si tranquille, si belle.

Elle sourit encore, et murmure :

« Oh ! que je suis heureuse. »

Elle sait pourtant qu'elle va *mourir*, qu'elle ne verra point le printemps, que, dans un an, le long de la même promenade, ces mêmes gens qui passent devant elle viendront encore respirer l'air tiède de ce doux pays, avec leurs enfants un peu plus grands, avec le cœur toujours rempli d'espoirs, de tendresses, de bonheur, tandis qu'au fond d'un cercueil de chêne la pauvre chair qui lui reste encore aujourd'hui sera tombée en pourriture, laissant ses os seulement couchés dans la robe de soie qu'elle a choisie pour linceul.

Elle ne sera plus. Toutes les choses de la vie continueront pour d'autres. Ce sera fini pour elle, fini pour toujours. Elle ne sera plus. Elle sourit, et respire tant qu'elle peut, de ses poumons malades, les souffles parfumés des jardins.

Et elle songe.

Guy de MAUPASSANT, Première neige.

Vous ferez de ce texte un commentaire composé. Vous pourrez étudier l'originalité de cette scène et, par exemple, vous attacher à l'analyse des procédés qui permettent à l'auteur d'opposer la jeunesse de son personnage et la beauté du décor à la maladie et à la mort.

3ᵉ sujet

Renonçant, en 1553, aux subtilités des Pétrarquistes, Du Bellay raille les poètes qui chantent leur amour avec un style trop ingénieux :

« Ce n'est encor de leurs soupirs et pleurs
Que vent, pluie et orages, [...]
Et bref, ce n'est, à ouïr leurs chansons,
De leurs amours que flammes et glaçons... »

Sans limiter votre réflexion au domaine de la poésie, vous vous demanderez s'il est légitime de reprocher à l'écrivain d'user d'artifices.

ISRAËL

Éthiopie, Égypte, Liban, Syrie

1er sujet*

En quoi consiste l'attitude du spectateur actif ? Tout d'abord, il est *sensible* aux images, au mouvement, aux paroles, aux sons, à l'ensemble du film. Il cherche à se débarrasser des idées toutes faites, des préjugés moraux ou sociaux qui peuvent atrophier sa sensibilité directe à l'œuvre. L'attitude active consiste d'abord à créer un état de totale disponibilité pour vivre pleinement la vie imaginaire qui est offerte, pour libérer totalement les mécanismes de projection ou d'identification, hors desquels il n'y a pas de participation effective. C'est le moment du « rêve éveillé ». Les intellectuels ne sont pas les seuls à risquer d'être dépourvus de cette capacité de réceptivité. Il arrive que des habitués des salles populaires, guidés par des normes morales étrangères à l'œuvre, rient ou sifflent à contresens et réagissent sur un détail sans être touchés par le sens général de la scène. Alors le spectateur a raté *le rendez-vous avec l'œuvre* par défaut de sensibilité ou par excès de conditionnement. Comme l'intelligence, la sensibilité peut être passive ou active. Elle aussi est susceptible de perfectionnement, de raffinement.

Ensuite, le spectateur actif est *compréhensif*. Le film a son langage spécifique, son vocabulaire, sa grammaire, sa syntaxe : notre spectateur cherche à déchiffrer pendant ou après le spectacle [...]. A travers la forme, sa compréhension s'étend au fond. Il distingue la vraisemblance et l'invraisemblance. Il ne pleurera pas à tous les mélodrames de Margot[1] tout en étant sensible à toutes les vérités humaines.

---

1. *Les mélodrames de Margot* : drames populaires visant à émouvoir un public naïf, représenté par le prénom familier de Margot.

Après la projection il analyse plus ou moins le sens des actes et des caractères qui lui sont présentés, les conceptions artistiques ou philosophiques sous-jacentes, au moins lorsque le film se veut message. Bref il s'efforce de saisir la signification esthétique, psychologique, sociale ou philosophique d'une œuvre selon les intentions de l'auteur. Il refait en partant de ses sensations et de ses impressions, le mouvement de la création cinématographique, « de l'image au sentiment, du sentiment à l'idée ».

Mais la compréhension interne de l'œuvre n'est pas le terme de l'attitude active. Le spectateur actif s'éloigne de l'œuvre pour l'*apprécier*. Il compare cette œuvre avec d'autres œuvres. Enfin il la rapproche de la réalité qu'elle exprime. E. Morin[1] souligne justement que même le réalisme « n'est pas le réel, mais l'image du réel ». Cette image est-elle conforme ou non à la réalité ? Quels éléments a-t-elle retenus ? Quels éléments a-t-elle éliminés ? Quelle est la situation, la valeur, la signification du phénomène, d'une part sur l'écran, d'autre part dans la vie réelle ? Une des fonctions du cinéma est de visualiser les rêves, mais le spectateur se garde de prendre ces rêves pour des réalités, le jeu des vedettes pour l'activité de la « femme éternelle », le monde « des esprits et des fantômes » pour le monde de tous les jours. Les phénomènes d'identification à des vedettes et de projection dans des situations filmiques appartiennent aux jeux de fiction provoqués par *l'œil magique*. Peu durables ils sont facteurs d'équilibre, par trop prolongés ils risquent d'entraîner des inadaptations sociales. L'influence du cinéma sur la délinquance est très controversée, mais elle semble possible si le jeune n'est pas préparé à opérer le partage entre fantasmes et réalités. De ce point de vue, le développement de la censure nous paraît moins important que celui des facultés d'appréciation critique des spectateurs devenus capables de sortir de l'œuvre pour la confronter aux situations de la vie réelle. Pour une attitude active, la réalité accomplie ou potentielle reste la mesure dernière de la fiction.

---

1. E. Morin : essayiste contemporain.

Enfin le spectateur actif recherche l'explication. Il ne se borne pas à apprécier les forces ou les faiblesses de l'œuvre. Il cherche à connaître quelles en sont les raisons. L'œuvre est le produit d'une conception artistique : quelle est sa relation avec l'art de l'auteur ? Cette conception est souvent appuyée sur des idées psychologiques, sociales, philosophiques. Quelles sont celles de l'auteur ? Enfin ces idées elles-mêmes peuvent s'expliquer par la personnalité, la famille, le milieu social du créateur et l'époque à laquelle il a fait son film. Pour le spectateur actif l'œuvre peut être le point de départ d'une passionnante recherche sur la culture, la société, l'homme, comme en témoigne l'œuvre d'un A. Bazin[1] ou d'un E. Morin.

Joffre DUMAZEDIER, Vers une civilisation du loisir ?, 1962.

1. Vous résumerez le texte en 185 mots. Une marge de 10 % en plus ou en moins est admise. Vous indiquerez, à la fin de votre résumé, le nombre de mots employés. *(8 points)*

2. Vous expliquerez le sens dans le texte des deux expressions en italique :
– le rendez-vous avec l'œuvre ;
– l'œil magique. *(2 points)*

3. « Une des fonctions du cinéma est de visualiser les rêves, mais, ajoute Dumazedier, le spectateur se garde de prendre ces rêves pour des réalités. »

Pensez-vous que ce comportement soit toujours celui du spectateur ? *(10 points)*

2e sujet

Ce poème est extrait d'un recueil composé par Verlaine juste avant son mariage avec Mathilde Mauté de Fleurville.

---

1. A. Bazin : critique cinématographique.

Le paysage dans le cadre des portières
Court furieusement, et des plaines entières
Avec de l'eau, des blés, des arbres et du ciel
Vont s'engouffrant parmi le tourbillon cruel
Où tombent les poteaux minces du télégraphe
Dont les fils ont l'allure étrange d'un paraphe.[1]

Une odeur de charbon qui brûle et d'eau qui bout,
Tout le bruit que feraient mille chaînes au bout
Desquelles hurleraient mille géants qu'on fouette ;
Et tout à coup des cris prolongés de chouette.

– Que me fait tout cela, puisque j'ai dans les yeux
La blanche vision qui fait mon cœur joyeux,
Puisque la douce voix pour moi murmure encore,
Puisque le Nom si beau, si noble et si sonore
Se mêle, pur pivot de tout ce tournoiement,
Au rhythme[2] du wagon brutal, suavement.

Paul VERLAINE, La Bonne Chanson, 1870.

Vous ferez de ce texte un commentaire composé. Vous montrerez, par exemple, en vous appuyant sur l'étude précise des moyens poétiques, comment Verlaine a su créer une impression de mouvement et de violence contrastant avec l'évocation apaisante de la femme aimée.

3ᵉ sujet*

Le plaisir et l'intérêt que vous pouvez prendre à la lecture de romans dont l'action se situe dans le passé, sont-ils liés uniquement à la découverte de l'époque historique que ces romans évoquent ?

---

1. **paraphe** : traits qu'on ajoute à la signature pour la caractériser.
2. **rhythme** : jusqu'à la fin du XIXᵉ siècle, le mot « rythme » s'écrivait « rhythme ».

Sujets complémentaires

Sujets complémentaires

Le rassemblement des diverses académies par groupements interacadémiques aboutit à ne présenter qu'un éventail assez restreint de sujets d'examen.

Dans le souci de proposer aux professeurs et aux élèves un plus large choix d'exercices et de thèmes de réflexion, nous avons donc élaboré quelques groupes de sujets complémentaires.

Nous avons veillé à introduire une certaine diversité dans ces sujets sans pour autant rechercher une originalité gratuite, peu profitable sur le plan pédagogique. Ainsi, les textes proposés au commentaire composé font-ils appel, comme ceux de l'examen, à des écrivains indiscutés. De même, les thèmes soumis à la réflexion abordant des questions ou des problèmes appartenant strictement au domaine de l'épreuve ; nous avons cependant tenté de les approcher grâce à des formulations ou des textes échappant à la routine ou à la banalité.

Nous espérons que ce fascicule contribuera ainsi à une préparation plus aisée d'une épreuve d'examen importante et souvent difficile.

1ᵉʳ groupe de sujets

1ᵉʳ sujet

Il semble que la diversité des cultures soit rarement apparue aux hommes pour ce qu'elle est : un phénomène naturel, résultant des rapports directs ou indirects entre les sociétés ; ils y ont plutôt vu une sorte de monstruosité ou de scandale ; dans ces matières le progrès de la connaissance n'a pas tellement consisté à dissiper cette illusion au profit d'une vue plus exacte qu'à l'accepter ou à trouver le moyen de s'y résigner.

L'attitude la plus ancienne, et qui repose sans doute sur des fondements psychologiques solides puisqu'elle tend à réapparaître chez chacun de nous quand nous sommes placés dans une situation inattendue, consiste à répudier purement et simplement les formes culturelles : morales, religieuses, sociales, esthétiques, qui sont les plus éloignées de celles auxquelles nous nous identifions. « Habitudes de sauvages », « cela n'est pas de chez nous », « on ne devrait pas permettre cela », etc., autant de réactions grossières qui traduisent ce même frisson, cette même répulsion, en présence de manières de vivre, de croire ou de penser qui nous sont étrangères. Ainsi l'Antiquité confondait-elle tout ce qui ne participait pas de la culture grecque (puis gréco-romaine) sous le même nom de barbare ; la civilisation occidentale a ensuite utilisé le terme de sauvage dans le même sens. Or, derrière ces épithètes se dissimule un même jugement : il est probable que le mot barbare se réfère étymologiquement à la confusion et à l'inarticulation du chant des oiseaux, opposées à la valeur signifiante du langage humain ; et sauvage, qui veut dire « de la forêt », évoque aussi un genre de vie animal, par opposition à la culture humaine. Dans les deux cas, on refuse d'admettre le fait même de la diversité culturelle ; on préfère rejeter hors de la culture, dans la nature, tout ce qui ne se conforme pas à la norme sous laquelle on vit.

Ce point de vue naïf, mais profondément ancré chez la plupart des hommes, recèle un paradoxe assez significatif. Cette attitude de pensée, au nom de laquelle on rejette les « sauvages » hors de l'humanité, est justement l'attitude la plus marquante et la plus distinctive de ces sauvages mêmes. On sait, en effet, que la notion d'humanité, englobant sans distinction de race ou de civilisation, toutes les formes de l'espèce humaine, est d'apparition fort tardive et d'expansion limitée. Là même où elle semble avoir atteint son plus haut développement, il n'est nullement certain – l'histoire récente le prouve – qu'elle soit établie *à l'abri des équivoques et des régressions*. Mais, pour de vastes fractions de l'espèce humaine et pendant des dizaines de millénaires, cette notion paraît être totalement absente. L'humanité cesse aux frontières de la tribu, du groupe linguistique, parfois même du village ; à tel point qu'un grand nombre de populations dites primitives se désignent d'un nom qui signifie les « hommes » (ou parfois – dirons-nous avec plus de discrétion ? – les « bons », les « excellents », les « complets »), impliquant ainsi que les autres tribus, groupes ou villages ne participent pas des vertus – ou même de la nature – humaines, mais sont tout au plus composés de « mauvais », de « méchants », de « singes de terre » ou « d'œufs de pou ». On va souvent jusqu'à priver l'étranger de ce dernier degré de réalité en en faisant un « fantôme » ou une « apparition ». Ainsi se réalisent de curieuses situations où deux interlocuteurs se donnent cruellement la réplique. Dans les Grandes Antilles, quelques années après la découverte de l'Amérique, pendant que les Espagnols envoyaient des commissions d'enquête pour rechercher si les indigènes possédaient ou non une âme, ces derniers s'employaient à immerger des blancs prisonniers afin de vérifier par une surveillance prolongée si leur cadavre était, ou non, *sujet à la putréfaction*.

Cette anecdote à la fois baroque et tragique illustre bien le paradoxe du relativisme culturel : c'est dans la mesure même où l'on prétend établir une discrimination entre les cultures et les coutumes que l'on s'identifie le plus avec celles qu'on essaie de nier. En refusant l'humanité à ceux qui apparaissent comme les plus « sauvages » ou « barbares » de ses représentants, on ne fait que leur emprunter une de leurs attitudes typiques. Le barbare, c'est d'abord l'homme qui croit à la barbarie.

Claude Lévi-Strauss, Race et Histoire.

1. Résumez le texte en 190 mots (une marge de 10 % en plus ou en moins sera admise). Vous indiquerez sur votre copie le nombre de mots que vous aurez employés. *(8 points)*

2. Expliquez les expressions en italique dans le texte :
– à l'abri des équivoques et des régressions ;
– sujet à la putréfaction. *(2 points)*

3. Pensez-vous, comme Claude Lévi-Strauss, que : « Le barbare, c'est d'abord l'homme qui croit à la barbarie », ou croyez-vous qu'il existe réellement des coutumes ou des comportements incompatibles avec l'idée de civilisation ? *(10 points)*

2ᵉ sujet

Le gamin de Paris.

Paris a un enfant et la forêt a un oiseau ; l'oiseau s'appelle le moineau ; l'enfant s'appelle le gamin.

Accouplez ces deux idées qui contiennent, l'une toute la fournaise, l'autre toute l'aurore, choquez ces étincelles, Paris, l'enfance ; il en jaillit un petit être. *Homuncio*, dirait Plaute[1].

1. *homuncio* : diminutif latin signifiant « petit homme ». **Plaute** : auteur comique latin.

Ce petit être est joyeux. Il ne mange pas tous les jours et il va au spectacle, si bon lui semble, tous les soirs. Il n'a pas de chemise sur le corps, pas de souliers aux pieds, pas de toit sur la tête ; il est comme les mouches du ciel qui n'ont rien de tout cela. Il a de sept à treize ans, vit par bandes, bat le pavé, loge en plein air, porte un vieux pantalon de son père qui lui descend plus bas que les talons, un vieux chapeau de quelque autre père qui lui descend plus bas que les oreilles, une seule bretelle en lisière[1] jaune, court, guette, quête, perd le temps, culotte des pipes, jure comme un damné, hante le cabaret, connaît des voleurs, parle argot, chante des chansons obscènes, et n'a rien de mauvais dans le cœur. C'est qu'il a dans l'âme une perle, l'innocence, et les perles ne se dissolvent pas dans la boue. Tant que l'homme est enfant, Dieu veut qu'il soit innocent.

Si l'on demandait à l'énorme ville : Qu'est-ce que cela ? elle répondrait : C'est mon petit.

Victor Hugo, Les Misérables.

Dans un commentaire composé que vous organiserez à votre gré, vous pourrez, en particulier, montrer comment la sympathie de l'auteur transfigure le gamin de Paris.

3e sujet

On oppose souvent l'homme d'action, tourné vers la réalité, au rêveur qui s'abandonne à des souvenirs, à des images. Action et rêve s'opposent-ils toujours ?

En vous servant d'œuvres, de textes, que vous avez lus ou étudiés, vous direz quels peuvent être les rapports entre l'action et le rêve, entre le réel et l'imaginaire.

---

1. **lisière** : on désigne ainsi le bord d'une étoffe, d'une trame plus serrée que le reste.

2ᵉ groupe de sujets

1ᵉʳ sujet

La différence fondamentale entre la propagande et l'information est que la première vise à soumettre les individus et la seconde à les affranchir, du moins si elle est convenablement conçue.

Le propagandiste, politique ou autre, cherche à recruter des fidèles ; une fois attirés dans le groupe, ils n'auront plus la possibilité de se dégager et de penser librement. Non seulement les faits à leur communiquer sont choisis en vue d'une *démonstration unilatérale*, mais l'information elle-même n'est qu'un accessoire. Le but essentiel est de provoquer une attitude, de commander des comportements futurs, par exemple un bulletin de vote.

De ce point de vue, la propagande s'apparente à la publicité commerciale, telle du moins que celle-ci est souvent comprise. Alors que, dans les premier temps, celle-ci était avant tout informative[1], elle est peu à peu devenue suggestive, et tend vers la « persuasion clandestine » de Packard[2], qui consiste à faire acheter un produit par une personne qui ne se souvient pas avoir lu l'affiche ni l'annonce publicitaire. A ce stade l'individu est abaissé, soumis, alors que, par la publicité, au sens étymologique du mot, il est élevé.

Agissant sur l'affectivité, les moyens de propagande brutaux sont plus efficaces que l'information impartiale. Il

---

1. E. de Girardin la définissait ainsi : « L'annonce doit être franche, concise et simple. La publicité ainsi comprise se réduit à dire que, dans telle rue, à tel numéro, on vend tel article à tel prix. »
2. **Packard** : journaliste américain qui a étudié les procédés par lesquels la publicité cherche à influencer le consommateur, sans qu'il en ait conscience.

est plus facile et surtout plus tentant de soumettre que d'affranchir. [...]

En simplifiant quelque peu et par suite en éliminant de remarquables exceptions, on peut distinguer deux catégories de presse, celle qui cherche à vendre du papier, disons à recevoir des bénéfices et celle qui cherche à répandre des idées.

La première tient compte largement du public le plus étendu et presque fatalement de ses aspirations les moins élevées. Donnant de larges informations sur les faits divers, elle présente, sous une forme aussi frappante que possible, quelques nouvelles générales et ne touche que peu aux domaines ennuyeux, notamment l'économie, en saisissant ce qui peut donner l'espoir, l'angoisse aussi et en évitant les *laborieuses présentations objectives d'une vérité qui n'est jamais très appétissante.*

Dans les deux presses, la tâche essentielle de tout rédacteur en chef est le choix. Celui qui veut vendre cherche ce qui plaira. L'information est alors un miroir de l'opinion ; sans s'en rendre compte, simplement en manifestant ses préférences, le lecteur crée finalement une presse à son image.

Comme en tant d'autres circonstances, il y a réciprocité. Qu'il s'agisse de l'escroc et de l'escroqué, de l'électeur et de l'élu, de l'informateur et de l'informé, l'événement est le fruit de cette collaboration. Que, sur le plan moral, l'informateur encoure les plus vifs reproches n'est pas douteux, que l'action améliorante doive s'exercer sur lui est l'évidence même ; il n'en reste pas moins qu'il est prisonnier d'une situation.

Voyons maintenant celui qui cherche à répandre des idées : le tri auquel il procède est extrêmement poussé : un grand nombre de faits sont résolument bannis ; les autres doivent se prêter à une présentation opportune. Ici aussi, il faut tenir compte du lecteur, de ce qu'il croira, de ce qu'il aime à trouver. Se plier à ses désirs, c'est le soumettre comme le dompteur dresse un animal, en utilisant ses sens, ses goûts, ses faiblesses.

La liberté d'informer, c'est avant tout le pouvoir de cacher. Donner de fausses nouvelles serait faire preuve de piètres qualités, alors qu'il est si facile de déformer profondément la réalité, sans qu'une seule ligne puisse être taxée de contre-vérité. Allant très au-delà de la formule classique, on peut dire, sans exagération, que la vérité est devenue la force principale du mensonge. En ne retirant que les fils blancs d'un complet gris, on peut montrer qu'il est totalement blanc, mais un tri analogue le montrera tout noir.

Et comme, en outre, le lecteur choisit le journal qui est « dans ses idées », il est constamment contre-informé, donc abaissé.

Alfred SAUVY, *Mythologie de notre temps.*

1. Résumez le texte en 180 mots (une marge de 10 % en plus ou en moins sera admise). Vous indiquerez sur votre copie le nombre de mots que vous aurez employés. *(8 points)*

2. Expliquez les expressions en italique dans le texte :
– démonstration unilatérale ;
– laborieuses présentations objectives d'une vérité qui n'est jamais très appétissante. *(2 points)*

3. « La liberté d'informer, c'est avant tout le pouvoir de cacher » écrit Alfred Sauvy. Comment les démocraties, où l'information apparaît de plus en plus comme un « quatrième pouvoir », peuvent-elles faire face à ce problème ? *(10 points)*

2ᵉ sujet

La pipe.

Hier, j'ai trouvé ma pipe en rêvant une longue soirée de travail, de beau travail d'hiver. Jetées les cigarettes avec toutes les joies enfantines de l'été dans le passé qu'illuminent les feuilles bleues de soleil, les mousselines et reprise ma grave pipe par un homme sérieux qui veut fumer longtemps sans se déranger, afin de mieux travailler : mais je ne m'attendais pas à la surprise que préparait cette délaissée, à peine eus-je tiré une première bouffée j'oubliai mes grands livres à faire, émerveillé, attendri, je respirai l'hiver dernier qui revenait. Je n'avait pas touché à la fidèle amie depuis ma rentrée en France, et tout Londres, Londres tel que je le vécus en entier à moi seul, il y a un an, est apparu ; d'abord les chers brouillards qui emmitouflent nos cervelles et ont, là-bas, une odeur à eux, quand ils pénètrent sous le croisée. Mon tabac sentait une chambre sombre aux meubles de cuir saupoudrés par la poussière du charbon sur lesquels se roulait le maigre chat noir ; les grands feux ! et la bonne aux bras rouges versant les charbons, et le bruit de ces charbons tombant du seau de tôle dans la corbeille de fer, le matin – alors que le facteur frappait le double coup solennel qui me faisait vivre ! J'ai revu par les fenêtres ces arbres malades du square désert. – J'ai vu le large, si souvent traversé, cet hiver-là, grelottant sur le pont du steamer mouillé de bruine et noirci de fumée – avec ma pauvre bien-aimée errante, en habits de voyageuse, une longue robe terne couleur de la poussière des routes, un manteau qui collait humide à ses épaules froides, un de ces chapeaux de paille sans plume et presque sans rubans, que les riches dames jettent en arrivant, tant ils sont déchiquetés par l'air de la mer et que les pauvres bien-aimées regarnissent pour bien des saisons encore. Autour de son cou s'enroulait le terrible mouchoir qu'on agite en se disant adieu pour toujours.

Stéphane MALLARMÉ.

Vous commenterez ce texte en essayant de définir les sensations qu'éprouve le fumeur en « reprenant » sa pipe. Vous montrerez aussi comment se développent et se teintent les images de la rêverie.

(Il est rappelé que Mallarmé était professeur d'anglais.)

3ᵉ sujet

Paul Valéry écrivait dans *Tel Quel (Choses Tues)* : « Rien de plus original, rien de plus *soi* que de se nourrir des autres. Mais il faut les digérer. Le lion est fait de mouton assimilé. »

A l'aide d'exemples précis, empruntés à tous les domaines artistiques, vous expliquerez cette conception de l'originalité et de ses conditions d'existence, et vous pourrez, si vous le jugez bon, apporter des nuances ou des critiques.

3ᵉ groupe de sujets

1ᵉʳ sujet

C'est par la guerre qu'ont péri toutes les çivilisations. C'est par elle aussi que les cités disparues ont été ruinées. Les fouilles de Troie ont révélé qu'elle avait été neuf fois détruite ; celle d'Homère n'était que la septième. Certains sites en Asie Mineure ont révélé jusqu'à quatorze fois la même ville dévastée, puis reconstruite.

La guerre est toujours présente à l'esprit des hommes. Elle provoque leur enthousiasme, leur indignation ou leur résignation, jamais leur indifférence. Le vieil héraclite voyait en elle « la mère de toutes choses » ; « elle fait les dieux, les maîtres et les esclaves ».

Car la guerre est ambivalente : son rôle destructeur et son rôle constructif alternent et souvent s'enchevêtrent. Dans les civilisations archaïques ce sont les dieux eux-mêmes qui combattent au milieu de leur peuple. Lorsque s'instaura le monothéisme, la guerre ne perdit pas pour cela son caractère sacré : elle devint le jugement de Dieu. Elle est l'instrument par lequel il élève et abaisse, sépare et rejoint les peuples et les rois. Pour la philosophie romantique, elle devient le « jugement de l'histoire », son rôle providentiel est d'écarter les civilisations dépassées ou condamnées...

L'histoire est née à propos des guerres. Ce sont elles qui ont continué à lui apporter son aliment principal. On peut en dire autant de la littérature : les premières grandes œuvres ont toutes été des poèmes ou des récits épiques. De même la plupart des cosmogonies, faits d'armes où les dieux s'affrontent eux-mêmes, combats des Titans ou récits des guerres saintes par lesquelles se sont installées les nouvelles religions.

Seul l'Évangile y fait exception, pour quelques siècles seulement. Constantin renoue avec la tradition universelle.

La variété des conflits armés est innombrable. De même que la psychologie et les motifs des dirigeants et des peuples qui les ont conduits. Finalement plus on entre dans le détail de leurs déroulements et plus il apparaît un trait commun, le seul totalement objectif et omniprésent : c'est le renversement des valeurs. Lorsque la guerre se déclenche, qu'il s'agisse de primitifs armés de sagaies ou de grands États civilisés, on entre dans « l'univers de la guerre », celui de la destruction et de l'homicide organisés.

Mais parallèlement, on assiste à un phénomène extrêmement émouvant. Aussi bien les conquérants en quête de justifications et de légitimation que les victimes ou les simples spectateurs, tous sont parallèlement préoccupés par la quête de la paix.

L'histoire dénombre huit mille traités de paix connus. Mais, hélas, la guerre ne s'en porte pas plus mal, car elle renaît toujours sous des aspects et des motifs nouveaux. Tel qui aujourd'hui sourit de pitié à l'idée de nos ancêtres qui se sont massacrés pour une phrase de saint Augustin, ne s'étonnera pas que nos contemporains s'exterminent pour des phrases de Karl Marx, de Jefferson ou de Gobineau.

Prétextes et responsables changent, mais la guerre demeure. Les régimes politiques et économiques les plus opposés ont cependant un point commun : ils font tous la guerre ; elle reste, comme le disait Hegel, le moment culminant de l'État.

Cette constance, cette omniprésence doit nous incliner à penser que la guerre est un phénomène social comme les autres, mais le plus coûteux. Il est temps de l'étudier suivant d'autres méthodes, les précédentes ayant toutes échoué...

Partout pullulent les institutions et les organismes destinés à étudier et à combattre le cancer, la fièvre jaune ou la tuberculose ; mais aucun pour la guerre qui fait plus de victimes que tous ces fléaux réunis. L'opinion semble préférer s'en tenir au *pieux pacifisme rhétorique*. Il n'est pas entièrement décevant ; car il donne d'incontestables satisfactions émotionnelles. Mais l'indignation, les imprécations et les *élégies* ne nous feront pas avancer d'un pas.

G. BOUTHOUL, *L'Homme et la Guerre*.

1. Résumez le texte en 175 mots (une marge de 10 % en plus ou en moins sera admise). Vous indiquerez sur votre copie le nombre de mots que vous aurez employé. *(8 points)*

2. Expliquez les expressions en italique dans le texte :
– pieux pacifisme rhétorique ;
– élégies. *(2 points)*

3. Pensez-vous, comme Gaston Bouthoul, que « la guerre est un phénomène social comme les autres, mais le plus coûteux » ? *(10 points)*

2ᵉ sujet

Demain.

Agé de cent mille ans, j'aurais encor la force
De t'attendre, ô demain pressenti par l'espoir.
Le temps, vieillard souffrant de multiples entorses,
Peut gémir : Le matin est neuf, neuf est le soir.

Mais depuis trop de mois nous vivons à la veille,
Nous veillons, nous gardons la lumière et le feu,
Nous parlons à voix basse et nous tendons l'oreille
A maint bruit vite éteint et perdu comme un jeu.

Or, du fond de la nuit, nous témoignons encore
De la splendeur du jour et de tous ses présents.
Si nous ne dormons pas c'est pour guetter l'aurore
Qui prouvera qu'enfin nous vivons au présent.

Robert DESNOS.

Ce poème fut inséré dans *État de veille*, recueil édité pour « quelques amis » en 1943. L'auteur, membre d'un réseau clandestin de la Résistance à Paris, est arrêté le 22 février 1944. Il meurt en 1945 quelques jours après la libération du camp où il avait été déporté.

Vous ferez de ce texte un commentaire composé : vous tenterez de montrer par exemple comment Desnos, avec une grande sobriété de moyens, parle le langage même de l'espoir.

3ᵉ sujet

« Le journaliste s'occupe du temps qui passe, l'écrivain du temps qui dure. Le journaliste s'intéresse à l'urgent, et l'écrivain à l'essentiel – et il est bien rare que l'urgent et l'essentiel se recoupent. »

Commentez et discutez, en vous appuyant sur des exemples précis, ce propos de Jean d'Ormesson.

4ᵉ groupe de sujets

1ᵉʳ sujet

Le monde actuel, le monde sans autorité consacrée, semble placé entre deux impossibilités : l'impossibilité du passé, l'impossibilité de l'avenir. Et n'allez pas croire, comme quelques-uns se le figurent, que si nous sommes mal à présent, le bien renaîtra du mal ; la nature humaine dérangée à sa source ne marche pas ainsi correctement. Par exemple les excès de la tyrannie ne mènent qu'à la tyrannie ; celle-ci en nous dégradant nous rend incapables d'indépendance : Tibère n'a pas fait remonter Rome à la république, il n'a laissé après lui que Caligula.

Pour éviter de l'expliquer on se contente de déclarer que les temps peuvent cacher dans leur sein une Constitution politique que nous n'apercevons pas. L'Antiquité tout entière, les plus beaux génies de cette Antiquité comprenaient-ils la société sans esclaves ? Et nous la voyons subsister. On affirme que dans cette civilisation à naître l'espèce s'agrandira : je l'ai moi-même avancé ! Cependant n'est-il pas à craindre que l'individu ne diminue ? Nous pourrons être de laborieuses abeilles occupées en commun de notre miel. Dans le monde matériel, les hommes s'associent pour le travail, une multitude arrive plus vite et par différentes routes à la chose qu'elle cherche ; des masses d'individus élèveront les Pyramides ; en étudiant chacun de son côté, ces individus rencontreront des découvertes dans les sciences, exploreront tous les coins de la création physique. Mais dans le monde moral en est-il de la sorte ? Mille cerveaux auront beau se coaliser, ils ne composeront jamais le chef-d'œuvre qui sort de la tête d'un Homère.

On a dit qu'une cité dont les membres auront une égale répartition de bien et d'éducation présentera aux regards de la Divinité un spectacle au-dessus de la cité de nos pères. La folie du moment est d'arriver à l'unité des peuples et de ne faire qu'un seul homme de l'espèce entière, soit : mais en acquérant des facultés générales, toute une série de sentiments privés ne périra-t-elle pas ? Adieu les douceurs du foyer, adieu les charmes de la famille ; parmi tous ces êtres blancs, jaunes, noirs, vous ne pourriez vous jeter au cou d'un frère. N'y avait-il rien dans la vie d'autrefois, rien dans cet espace borné que vous aperceviez de votre fenêtre encadré de lierre ? Au-delà de votre horizon vous soupçonniez des pays inconnus dont vous parlait à peine l'oiseau de passage, seul voyageur que vous aviez vu à l'automne. C'était bonheur de songer que les collines qui vous environnaient ne disparaîtraient pas à vos yeux [...]. Vous saviez où vous étiez né, vous saviez où serait votre tombe ; en pénétrant dans la forêt vous pouviez dire :

> Beaux arbres qui m'avez vu naître,
> Bientôt vous me verrez mourir.

L'homme n'a pas besoin de voyager pour s'agrandir. Il porte avec lui l'immensité [...]. Asseyez-vous sur le tronc d'arbre abattu au fond des bois : si dans l'oubli profond de vous-même, dans votre immobilité, dans votre silence vous ne trouvez pas l'infini, il est inutile de vous égarer aux rives du Gange.

Quelle serait une société universelle qui n'aurait point de pays particulier, qui ne serait ni française, ni anglaise, ni allemande, ni espagnole [...]. Ou plutôt qui serait à la fois toutes ces sociétés ? Qu'en résulterait-il pour ses mœurs, ses sciences, ses arts, sa poésie ? [...]. De la fusion des sociétés résultera-t-il un *idiome universel* ou bien y aura-t-il un dialecte de transaction servant à l'usage journalier, tandis que chaque nation parlerait sa propre langue, ou bien les langues diverses seraient-elles entendues de tous ? Sous quelle règle semblable, sous quelle loi unique existerait cette société ? Comment trouver place sur une terre agrandie par la *puissance d'ubiquité* et rétrécie par les petites proportions d'un globe fouillé partout ? Il ne resterait qu'à demander à la science le moyen de changer de planète.

François-René de CHATEAUBRIAND, *Mémoires d'Outre-Tombe*, livre 44, chap. 5.

1. Résumez le texte en 175 mots (une marge de 10 % en plus ou en moins sera admise). Vous indiquerez sur votre copie le nombre de mots que vous aurez employés. *(8 points)*

2. Expliquez les expressions en italique dans le texte :
– idiome universel ;
– puissance d'ubiquité. *(2 points)*

3. Chateaubriand semble inquiet face à la construction d'« une société universelle qui n'aurait point de pays particulier, qui ne serait ni française, ni anglaise, ni allemande, ni espagnole [...] ou plutôt qui serait à la fois toutes ces sociétés ». Partagez-vous cette inquiétude ? *(10 points)*

2ᵉ sujet

21 Mars 1927.

Minuit et demi.

Tchen tenterait-il de lever la moustiquaire ? Frapperait-il au travers ? L'angoisse lui tordait l'estomac ; il connaissait sa propre fermeté, mais n'était capable en cet instant que d'y songer avec hébétude, fasciné par ce tas de mousseline blanche qui tombait du plafond sur un corps moins visible qu'une ombre, et d'où sortait seulement ce pied à demi incliné par le sommeil, vivant quand même – de la chair d'homme. La seule lumière venait du building voisin : un grand rectangle d'électricité pâle, coupé par les barreaux de la fenêtre dont l'un rayait le lit juste au-dessous du pied comme pour en accentuer le volume et la vie. Quatre ou cinq klaxons grincèrent à la fois. Découvert ? Combattre, combattre des ennemis qui se défendent, des ennemis éveillés !

La vague de vacarme retomba : quelques embarras de voitures (il y avait encore des embarras de voitures, là-bas, dans le monde des hommes...). Il se retrouva en face de la tache molle de la mousseline et du rectangle de lumière, immobiles dans cette nuit où le temps n'existait plus.

Il se répétait que cet homme devait mourir. Bêtement : car il savait qu'il le tuerait. Pris ou non, exécuté ou non, peu importait. Rien n'existait que ce pied, cet homme qu'il devait frapper sans qu'il se défendît, car, s'il se défendait, il appellerait.

Les paupières battantes, Tchen découvrait en lui, jusqu'à la nausée, non le combattant qu'il attendait, mais un sacrificateur. Et pas seulement aux dieux qu'il avait choisis : sous son sacrifice à la révolution grouillait un monde de profondeurs auprès de quoi cette nuit écrasée d'angoisse n'était que clarté. « Assassiner n'est pas seulement tuer... » Dans ses poches, ses mains hésitantes tenaient, la droite un rasoir fermé, la gauche un court poignard. Il les enfonçait le plus possible, comme si la nuit n'eut pas suffi à cacher ses gestes. Le rasoir était plus sûr, mais Tchen sentait qu'il ne pourrait jamais s'en servir ; le poignard lui répugnait moins. Il lâcha le rasoir dont le dos pénétrait dans ses doigts crispés ; le poignard était nu dans sa poche, sans gaine. Il le fit passer dans sa main droite, la gauche retombant sur la laine de son chandail et y restant collée. Il éleva légèrement le bras droit, stupéfait du silence qui continuait à l'entourer, comme si son geste eut dû déclencher quelque chute. Mais non, il ne se passait rien : c'était toujours à lui d'agir.

André MALRAUX, La Condition humaine.

Sous la forme d'un commentaire composé, vous étudierez cette page, la première du célèbre roman de Malraux.

3ᵉ sujet

Dans la conclusion de son *Histoire du cinéma*, Maurice Bardèche écrit : « Certaines servitudes du cinéma, celles qui limitent la durée de la projection en particulier, privent le metteur en scène de cet espace qui est si nécessaire au romancier pour faire connaître un personnage, pour le placer dans son milieu, pour indiquer les nuances et les contrastes qui caractérisent sa personnalité. [...] Et je ne vois aucun personnage propre au cinéma que je connaisse aussi bien qu'un personnage de [...] Stendhal ou de Balzac, ou qui me laisse une impression aussi forte. »

En vous appuyant sur des exemples précis, empruntés à des films et à des romans que vous connaissez, vous commenterez, et éventuellement vous discuterez cette affirmation.

5ᵉ groupe de sujets

1ᵉʳ sujet

On s'est imaginé qu'il fallait, autant qu'on le pouvait, épargner de la peine aux enfants, changer en délassement toutes leurs études, leur donner de bonne heure des collections d'histoire naturelle pour jouets, des expériences pour spectacles. Il me semble que cela aussi est un système erroné. S'il était possible qu'un enfant apprît bien quelque chose en s'amusant, je regretterais encore pour lui le développement d'une faculté, l'attention, faculté qui est beaucoup plus essentielle qu'une connaissance de plus. Je sais qu'on me dira que les mathématiques rendent particulièrement appliqué ; mais elles n'habituent pas à rassembler, à apprécier, à concentrer ; l'attention qu'elles exigent est, pour ainsi dire, en ligne droite : l'esprit humain agit en mathématiques comme un ressort qui suit une direction toujours la même.

L'éducation faite en s'amusant disperse la pensée ; la peine en tout genre est un des grands secrets de la nature : l'esprit de l'enfant doit s'accoutumer aux efforts de l'étude, comme notre âme à la souffrance. Le perfectionnement du premier âge tient au travail, comme le perfectionnement du second à la douleur : il est à souhaiter sans doute que les parents et la destinée n'abusent pas trop de ce double secret ; mais il n'y a d'important, à toutes les époques de la vie, que ce qui agit sur le centre même de l'existence, et l'on considère trop souvent l'être moral en détail. Vous enseignerez avec des tableaux, avec des cartes, une quantité de choses à votre enfant ; mais vous ne lui apprendrez pas à l'apprendre ; et l'habitude de s'amuser, que vous dirigez sur les sciences, suivra bientôt un autre cours, quand l'enrant ne sera plus dans votre dépendance.

Ce n'est donc pas sans raison que l'étude des langues anciennes et modernes a été la base de tous les établissements d'éducation qui ont formé les hommes les plus capables en Europe : le sens d'une phrase dans une langue étrangère est à la fois un problème grammatical et intellectuel ; ce problème est tout à fait proportionné à l'intelligence de l'enfant : d'abord il n'entend que les mots, puis il s'élève jusqu'à la conception de la phrase, et bientôt après le charme de l'expression, sa force, son harmonie, tout ce qui se trouve enfin dans le langage de l'homme, se fait sentir par degrés à l'enfant qui traduit. Il s'essaye tout seul avec les difficultés que lui présentent deux langues à la fois ; il s'introduit dans les idées successivement, compare et combine divers genres d'analogies et de vraisemblances ; et l'activité spontanée de l'esprit, la seule qui développe vraiment la faculté de penser, est vivement excitée par cette étude. Le nombre des facultés qu'elle fait mouvoir à la fois lui donne l'avantage sur tout autre travail, et l'on est trop heureux d'employer la mémoire flexible de l'enfant à retenir un genre de connaissance sans lequel il serait borné toute sa vie au cercle de sa propre nation, cercle étroit comme tout ce qui est exclusif.

L'étude de la grammaire exige la même suite et la même force d'attention que les mathématiques, mais elle tient de beaucoup plus près à la pensée. La grammaire lie les idées l'une à l'autre, comme le calcul enchaîne les chiffres ; la logique grammaticale est aussi précise que celle de l'algèbre, et cependant elle s'applique à tout ce qu'il y a de vivant dans notre esprit : les mots sont en même temps des chiffres et des images ; ils sont esclaves et libres, soumis à *la discipline de la syntaxe* et tout-puissants par leur signification naturelle ; ainsi l'on trouve dans *la métaphysique de la grammaire* l'exactitude du raisonnement et l'indépendance de la pensée réunies ensemble ; tout a passé par les mots, et tout s'y retrouve quand on sait les examiner : les langues sont inépuisables pour l'enfant comme pour l'homme, et chacun en peut tirer tout ce dont il a besoin.

Madame DE STAËL, *De l'Allemagne*, 1813.

1. Résumez le texte en 180 mots (une marge de 10 % en plus ou en moins sera admise). Vous indiquerez sur votre copie le nombre de mots que vous aurez employés. *(8 points)*

2. Expliquez les expressions en italique dans le texte :
– la discipline de la syntaxe ;
– la métaphysique de la grammaire. *(2 points)*

3. Pensez-vous, comme Madame de Staël, que « l'éducation faite en s'amusant disperse la pensée » ? *(10 points)*

2ᵉ sujet

Ah je ne suis pas métaphysique moi...

Ah je ne suis pas métaphysique moi
Je n'ai pas l'habitude de plonger les doigts
Dans les bocaux de l'éternité mauve et sale
Comme un bistrot de petite ville provinciale
Et que m'importe qu'en les siècles l'on dispose
De mon âme comme d'une petite chose
Sans importance ainsi qu'au plus chaud de l'été
Dans la poussière le corset d'un scarabée
Je prodigue à plaisir et même quand je dors
Il y a cette flamme en moi qui donne tort
A tout ce qui n'est pas cette montée sévère
Vers l'admirable accidenté visage de la terre
Je plonge dans ma vie une main de chiendent
Et c'est trop de bonheur lorsque de temps en temps
L'heure venue d'agir j'en tire la semence
Qui d'année en année prolonge ma patience
Ah tu verrais faner les ciels et les chevaux
O mon cœur sans que rien ne te semblât nouveau
Même dût-on mourir dans le frais de son âge
Rien que d'avoir posé son front sur un corsage

Et fût-il d'une mère on a bien mérité
De croire dans la vie plus qu'en l'éternité.

René-Guy CADOU, *Hélène ou le Règne végétal*.

Dans un commentaire composé, vous essaierez de montrer de quelle manière le poète exprime son refus de l'éternité et le plaisir de vivre.

3ᵉ sujet

Jean-Paul Sartre affirmait en 1945 la nécessité et l'efficacité de l'engagement de l'écrivain : « Chaque parole a des retentissements, chaque silence aussi. » A la fin de sa vie, il niait au contraire le pouvoir d'action de la littérature : « en face d'un enfant qui meurt, *La Nausée* ne fait pas le poids. » et : « La culture ne sauve rien ni personne, elle ne justifie pas. »

Pouvez-vous prendre parti dans ce débat, toujours ouvert, sur les responsabilité de l'écrivain et le rôle des œuvres littéraires dans la solution des problèmes humains ?

6e groupe de sujets

1er sujet

Michel Foucault analyse ici comment, au XVIIIe siècle, on est passé, en France, de la punition publique, éclatante et sanglante du criminel, à une punition plus « humaine », annonciatrice de notre système répressif actuel.

« Que les peines soient modérées et proportionnées aux délits, que celle de mort ne soit plus décernée que contre les coupables assassins, et que les supplices qui révoltent l'humanité soient abolis. » La protestation contre les supplices, on la trouve partout dans la seconde moitié du XVIIIe siècle : chez les philosophes et les théoriciens du droit ; chez les juristes, des hommes de loi, des parlementaires ; dans les cahiers de doléances et chez les législateurs des assemblées. Il faut punir autrement : défaire cet affrontement physique du souverain avec le condamné ; dénouer ce corps à corps, qui se déroule entre la vengeance du prince et la colère contenue du peuple, par l'intermédiaire du supplicié et du boureau. Très vite le supplice est devenu intolérable. Révoltant, si on regarde du côté du pouvoir, où il trahit la tyrannie, l'excès, la soif de revanche, et « le cruel plaisir de punir ». Honteux, quand on regarde du côté de la victime, qu'on réduit au désespoir et dont on voudrait encore qu'elle bénisse « le ciel et ses juges dont elle paraît abandonnée ». Dangereux de toute façon, par l'appui qu'y trouvent, l'une contre l'autre, la violence du roi et celle du peuple. Comme si le pouvoir souverain ne voyait pas, dans cette *émulation d'atrocité,* un défi qu'il lance lui-même et qui pourra bien être relevé un jour : accoutumé « à voir ruisseler le sang », le peuple apprend vite « qu'il ne peut se venger qu'avec le sang ». Dans ces cérémonies qui font l'objet de tant d'investissements adverses, on perçoit l'entrecroisement entre la démesure de la justice armée et la colère du peuple qu'on menace. Ce rapport, Joseph de Maistre[1] y reconnaîtra un des mécanismes fondamentaux du pouvoir absolu : entre le prince et le peuple, le bourreau forme rouage ; la mort qu'il porte est comme celle des paysans asservis qui bâtissaient Saint-Pétersbourg[2] au-dessus des marécages et des pestes : elle est principe d'universalité ; de la volonté singulière du despote, elle fait une loi pour tous, et de chacun de ces corps détruits, une pierre pour l'État ; qu'importe qu'elle frappe des innocents ! Dans cette même violence, hasardeuse et rituelle, les réformateurs du XVIIIᵉ siècle ont au contraire dénoncé ce qui excède, de part et d'autre, l'exercice légitime du pouvoir : la tyrannie, selon eux, y fait face à la révolte ; elles s'appellent l'une l'autre. Double péril. Il faut que la justice criminelle, au lieu de se venger, enfin punisse.

Cette nécessité d'un châtiment sans supplice se formule d'abord comme un cri du cœur ou de la nature indignée : dans le pire des assassins, une chose, au moins, est à respecter quand on punit : son « humanité ». Un jour viendra, au XIXᵉ siècle, où cet « homme », découvert dans le criminel, deviendra la cible de l'intervention pénale, l'objet qu'elle prétend corriger et transformer, le domaine de toute une série de sciences et de pratiques étranges « pénitentiaires », « criminologiques ». Mais en cette époque des Lumières, ce n'est point comme thème d'un savoir positif que l'homme est objecté à la barbarie des supplices, mais comme limite de droit : frontière légitime du pouvoir de punir. Non pas ce qu'il lui faut atteindre si elle veut le modifier, mais ce qu'elle doit laisser intact pour être à même de le respecter. Il marque le point d'arrêt mis à la vengeance du souverain. L'« homme » que les réformateurs ont fait valoir contre le *despotisme d'échafaud* est lui aussi un homme-mesure : non pas des choses cependant, mais du pouvoir.

Michel FOUCAULT, *Surveiller et Punir.*

---

1. Homme politique, écrivain et philosophe français (1753-1821).
2. Ancien nom de Leningrad.

1. Résumez le texte en 175 mots (une marge de 10 % en plus ou en moins sera admise). Vous indiquerez sur votre copie le nombre de mots que vous aurez employés. *(8 points)*

2. Expliquez les expressions en italique dans le texte :
– *émulation d'atrocité* ;
– *despotisme d'échafaud*. *(2 points)*

3. A votre avis, comment les sociétés démocratiques modernes doivent-elles concevoir leur « pouvoir de punir » ? *(10 points)*

2ᵉ sujet

Lever de soleil vu d'un train.

Les levers de soleil sont un accompagnement des longs voyages en chemin de fer, comme les œufs durs, les journaux illustrés, les jeux de cartes, les rivières où des barques s'évertuent sans avancer. A un moment où je dénombrais les pensées qui avaient rempli mon esprit pendant les minutes précédentes, pour me rendre compte si je venais ou non de dormir (et où l'incertitude même qui me faisait me poser la question était en train de me fournir une réponse affirmative), dans le carreau de la fenêtre, au-dessus d'un petit bois noir, je vis des nuages échancrés dont le doux duvet était d'un rose fixé, mort, qui ne changera plus, comme celui qui teint les plumes de l'aile qui l'a assimilé ou le pastel sur lequel l'a déposé la fantaisie du peintre. Mais je sentais qu'au contraire cette couleur n'était ni inertie, ni caprice, mais nécessité et vie. Bientôt s'amoncelèrent derrière elle des réserves de lumière. Elle s'aviva, le ciel devint d'un incarnat que je tâchais, en collant mes yeux à la vitre, de mieux voir, car je le sentais en rapport avec l'existence profonde de la nature, mais la ligne du chemin de fer ayant changé de direction, le train tourna, la scène matinale fut remplacée dans le cadre de la fenêtre par un village nocturne aux toits bleus de clair de lune, avec un lavoir encrassé de la nacre opaline de la nuit, sous un ciel encore semé de toutes ses étoiles, et je me désolais d'avoir perdu ma bande de ciel rose quand je l'aperçus de nouveau, mais rouge cette fois, dans la fenêtre d'en face qu'elle abandonna à un deuxième coude de la voie ferré ; si bien que je passais mon temps à courir d'une fenêtre à l'autre pour rapprocher, pour rentoiler[1] les fragments intermittents et opposites de mon beau matin écarlate et versatile et en avoir une vue totale et un tableau continu.

Marcel PROUST, *A l'ombre des jeunes filles en fleurs.*

Sous la forme d'un commentaire composé, vous étudierez ce texte en cherchant, par exemple, à montrer comment l'auteur transfigure le monde de la sensation en objet d'art.

3ᵉ sujet

Un personnage médiocre peut-il être un héros de roman ?

---

1. **rentoiler** : coller un vieux tableau sur une toile neuve, en transporter une peinture d'une vieille toile sur une neuve.

7ᵉ groupe de sujets

1ᵉʳ sujet

Le signe supplée le verbe.

Hier, on expliquait à l'individu le sens du geste qui était requis de lui ; l'avis, la pancarte l'énonçaient intelligemment ; il s'y résolvait parce qu'il le comprenait. Aujourd'hui, on l'entraîne à répondre par un geste rapide et escompté à une sensation convenue.

Il n'y a pas si longtemps qu'à l'entrée de chaque village, l'automobiliste pouvait encore apprendre en vertu de quel arrêté municipal il était prescrit de ne point dépasser une vitesse déterminée, et d'ailleurs modeste ! Ailleurs, le silence était sollicité et le motif – un hôpital, une clinique – en était expliqué. Depuis, le code de la route n'a plus voulu connaître et faire connaître que des lignes, des silhouettes condensées tenant lieu d'injonctions : un S dressé comme un serpent ? Le tournant est proche ! Deux ombres chinoises simplifiées se tenant par la main ? Attention à l'école !

Le signe fait balle sur la rétine. A coup sûr, cette carcasse fracassée et incendiée d'automobile qu'aux États-Unis on a parfois eu l'idée de hisser sur un socle de ciment, au bord des routes où l'excès de vitesse est courant, entraîne la pression du pied sur le frein bien plus sûrement qu'un long discours, plus rapidement même que la tête de mort par quoi ailleurs le danger est notifié. Encore y a-t-il là évocation intelligible !

Notre vie s'organise autour de sensations élémentaires, sonnerie, feu rouge ou vert, barre sur un disque coloré, etc., qui, par un incroyable dressage, commandent des actes appropriés.

Domaine de la rue, collectif par destination, dira-t-on. Qu'à cela ne tienne ! Franchissons le mur de la vie privée, de la vie la plus privée, celui du cabinet de toilette. Il n'y a pas si longtemps que le confort « victorien » prévoyait deux robinets, où se lisaient les mots « chaud » et « froid », correspondant à une idée fort indigente, mais enfin à une idée. L'homme pressé entend en faire l'économie. C'est alors que le mot devient signe, en s'abrégeant : deux lettres C et F suffisent. Cet appel même modéré aux facultés raisonnantes était sans doute encore excessif, car, depuis quelques années, deux taches, une rouge et une bleue, l'ont supplanté. Leur compréhension ne passe plus par les mêmes voies ; elle emprunte désormais celles de la sensation : le rouge, lié à l'apparence du feu, du métal en fusion, est couleur chaude ; le bleu est couleur froide, celle de l'eau, de la glace. Ces indications n'ont que faire de la pensée : un audacieux court-circuit leur permet de ne plus l'emprunter et d'établir une connexion directe entre la sensation perçue et l'action conséquente.

Les mots, les mots tout-puissants de la civilisation du livre cèdent au vertige général : ils abdiquent, ils se recroquevillent, ils passent à l'ennemi. On pourrait suivre à travers l'Histoire cette contraction progressive de la pensée, reine jadis de cette civilisation du livre qui décline aujourd'hui : la phrase du XVIIᵉ siècle est longue, à périodes ; c'est l'époque du développement, de la dissertation, où la pensée vise sans cesse à s'amplifier par la forme qui l'exprime, jusqu'à atteindre parfois *une certaine redondance*.

Le XVIIIᵉ siècle, au contraire, scinde, abrège, aboutit à la phrase « voltairienne », où se forgent la langue moderne et sa concision. Mais il appartenait au XXᵉ siècle de créer la compression artificielle du texte dans ces revues spécialisées que sont les *Digests*, où les originaux sont livrés à des équipes non plus de rédacteurs, mais de réducteurs. Depuis, la grande presse a répandu l'usage des *pictures*, où l'adjonction d'images permet de ne garder que quelques phrases ramenées à leur plus simple expression, procédé jusque-là réservé aux journaux d'enfants.

L'exposé de la pensée, parallèlement, perd ses *caractères discursifs* pour produire des effets plus soudains, plus proches de la sensation ; fuyant la glose, il vise davantage au concentré pour parvenir à cette forme moderne, le slogan, où la notion incluse, à force de se ramasser, en arrive à imiter l'effet d'un choc sensoriel et son automatisme. La phrase glisse au heurt visuel. Stéréotypée, elle ne demande plus à être comprise, mais seulement reconnue.

René HUYGUE, *Dialogue avec le visible.*

1. Résumez le texte en 165 mots (une marge de 10 % en plus ou en moins sera admise). Vous indiquerez sur votre copie le nombre de mots que vous aurez employés. *(8 points)*

2. Expliquez :
– une certaine redondance ;
– caractères discursifs. *(2 points)*

3. « Le signe supplée le verbe » nous dit René Huygue. A votre avis, quelles conséquences ce phénomène entraîne-t-il pour la liberté des individus dans les sociétés où il se produit ? *(10 points)*

2ᵉ sujet

Le hêtre de la scierie n'avait pas encore, certes, l'ampleur que nous lui voyons. Mais, sa jeunesse (enfin, tout au moins par rapport avec maintenant) ou plus exactement son adolescence était d'une carrure et d'une étoffe qui le mettaient à cent coudées au-dessus de tous les autres arbres, même de tous les autres arbres réunis. Son feuillage était d'un dru, d'une épaisseur, d'une densité de pierre, et sa charpente (dont on ne pouvait rien voir, tant elle était couverte et recouverte de rameaux plus opaques les uns que les autres) devait être d'une force et d'une beauté rares pour porter avec tant d'élégance tant de poids accumulé. Il était surtout (à cette époque) pétri d'oiseaux et de mouches ; il contenait autant d'oiseaux et de mouches que de feuilles. Il était constamment charrué et bouleversé de corneilles, de corbeaux et d'essaims ; il éclaboussait à chaque instant des vols de rossignols et de mésanges ; il fumait de bergeronnettes et d'abeilles ; il soufflait de faucons et de taons ; il jonglait avec des balles multicolores de pinsons, de roitelets, de rouges-gorges, de pluviers et de guêpes. C'était autour de lui une ronde sans fin d'oiseaux, de papillons et de mouches dans lesquels le soleil avait l'air de se décomposer en arcs-en-ciel comme à travers des jaillissements d'embruns. Et, à l'automne, avec ses longs poils cramoisis, ses mille bras entrelacés de serpents verts, ses cent mille mains de feuillages d'or jouant avec des pompons de plumes, des lanières d'oiseaux, des poussières de cristal, il n'était vraiment pas un arbre. Les forêts, assises sur les gradins des montagnes, finissaient par le regarder en silence. Il crépitait comme un brasier ; il dansait comme seuls savent danser les êtres surnaturels, en multipliant son corps autour de son immobilité ; il ondulait autour de lui-même dans un entortillement d'écharpes, si frémissant, si mordoré, si inlassablement repétri par l'ivresse de son corps qu'on ne pouvait plus savoir s'il était enraciné par l'encramponnement de prodigieuses racines ou par la vitesse miraculeuse de la pointe de toupie sur laquelle reposent les dieux.

Jean GIONO, Un roi sans divertissement.

En vous appuyant sur une lecture ordonnée, vous ferez de ce texte un commentaire composé.

3ᵉ sujet

En justifiant votre réponse à l'aide des romans, pièces de théâtre, poèmes que vous avez lus ou étudiés, tentez de répondre à cette interrogation de Denis de Rougemont : « Pourquoi préférons-nous à tout autre récit celui d'un amour impossible ? »

Aubin Imprimeur

LIGUGÉ, POITIERS

Achevé d'imprimer en août 1989
Nᵒ d'édition 5488 / Nᵒ d'impression L 32301
Dépôt légal, août 1989
Imprimé en France

ISBN 2-7117-2932-X